大樂文化

大樂文化

大樂文化

零基礎寫作課

如何讓我在自媒體爆紅的64堂

靠百萬點讚，
點亮你的斜槓人生！

余老詩◎著

第1章

Contents

第4章 寫作撞牆怎麼辦？「以讀促寫」是一絕！

第5章 實例示範！6篇精選好文幫你強化寫作技巧

Contents

前言
讓我在LINE、臉書爆紅的寫作技巧大公開！

在冬日的豔陽裡，又將迎來一個新年。新媒體或許不是什麼新鮮事，但自媒體寫作的方法與學習卻還在路上。

自二〇一三年以來，隨著資訊技術的發展和移動網路的普及，自媒體逐漸成為大眾視野裡不可或缺的文化陣地。人們可以透過智慧型手機閱讀自媒體文章，以此獲得資訊、知識和休閒娛樂。與此同時，越來越多自媒體作者出現，希望透過媒體平臺滿足表達欲望，並藉由寫作提升個人價值，甚至是創業。

在眾多自媒體作者中，許多人寫作基礎薄弱甚至完全沒有基礎，苦於找不到淺顯易懂的自媒體寫作類圖書。另外，有大量已在自媒體寫作路上的人，苦於無人指點迷津，希望能讀到相關圖書以排憂難、解困惑。

因此，我利用兩年的時間實際摸索，總結出一套寫作技巧與方法，適合初學自媒體寫作的讀者參考，不僅從原理、方法、技巧等層面講述自媒體寫作的基本功，還結合具體案例，讓初學者逐步掌握自媒體寫作。

希望各位能透過本書開啟自媒體寫作的大門，並逐漸登堂入室，成為幫自己代言的時代新寵兒，享受自媒體寫作帶來的各種成就感和好處。

❖ 輕鬆掌握自媒體寫作的三個特色

1. 結合觀點與案例，符合初學者的認知規律

本書內容涵蓋廣泛，包括寫作基本功、自媒體介紹、熱文的產生與傳播規律、閱讀與寫作的關係、與讀者的互動，以及自媒體寫作需掌握的知識。內容注重方法、實用技巧和操作性，不吝惜筆墨地手把手教導細節，並且詳細介紹句子的具體寫法。

此外，本書遵循初學者對自媒體寫作的認知規律，書寫進程由淺入深，從基本功談到實踐操作、從原理延伸至方法技巧、從現象分析溯源到本質提煉，相信各位

讀完後，寫作技能會步步高升。

2. 結合寫作知識與媒體特點，適合自學者

本書介紹的寫作知識和方法，皆適合放在新媒體的語境和生態體系中，例文主要來自知名媒體平臺，讓各位覺得案例彷彿就在身邊。

另外，書中在闡述新媒體傳播規律時，多從讀者閱讀心理、媒體平臺特點等角度娓娓道來。各位在閱讀過程中，自然而然會知曉新媒體的特性，更深入地瞭解自媒體寫作。

3. 利用圖表將抽象的道理直觀化、形象化

本書透過大量圖表解析抽象的道理，有助於加深印象和記憶。而且，初學者可以收藏書中圖表，作為寫作的實用工具，隨時對照取用，迅速且高效地習得及運用知識。

本書內容搶先導讀

第一章：10分鐘學會大咖不教的「基本功」！

從原理、方法、技巧等不同層面，講述如何寫作標題、句子、段落、篇章、開頭、中段和結尾，並結合具體案例，深入淺出地闡述怎麼構思和寫好文章。透過詳盡解說，讀者能全面掌握文章的組成，從具體例文中理解和模仿。

第二章：掌握LINE、臉書的特點，讓你「被看見」！

從分享、傳播、互動、影響力等角度，介紹自媒體寫作的屬性與特徵，並分析如何以此打造品牌、提升價值。在這個基礎上，闡述何謂自媒體寫作，並提出「寫作+」的想法，幫助讀者建立概念。

第三章：文章想爆紅？得釐清是「自嗨」還是「創作」！

引領讀者透過自我分析和圖畫尋找自身優勢，接著結合市場需求和趨勢，從文字變現的角度進一步介紹寫作的定位問題。

提供多個有助於獲得成就感的方向，包括寫書評、推薦文、知識科普文等等。相信各位讀完後，應該能有意識地培養思維習慣，更深入理解自媒體寫作。

第四章：寫作撞牆怎麼辦？「以讀促寫」是一絕！

一般人常會定義閱讀是輸入、寫作是輸出，本章除了探討閱讀有助於寫作，也介紹如何透過寫作提升閱讀能力。

此外，介紹初學者適合讀哪些書，如何高效閱讀，並在此基礎上提出讀寫模式，讓讀者結合閱讀和寫作，有意識地思考兩者的相互關係，並在日常生活中有效實踐。

第五章：實例示範！6篇精選好文幫你強化寫作技巧

內容主要精選我在各式媒體平臺上的文章，範圍涵蓋書評、寫作論述等。閱讀本章時可結合第一章，深入體會和理解寫作原理、方法和技巧。

誰適合閱讀本書？

- 寫作初學者和愛好者
- 文案和編輯新鮮人
- 自媒體創業的寫作者
- 傳媒和新媒體相關科系的大專院校學生
- 遇到自媒體寫作瓶頸的人
- 其他行業中對自媒體寫作有興趣的人

本書難免有疏漏和不當之處，敬請讀者朋友批評指正。

NOTE

隨著智慧型手機的普及、生活水準的整體提高，越來越多人透過知識改變財富和命運，寫作的魅力和作用更不言而喻。

然而，拿起筆寫作前，必須打磨好基本功，才能在自媒體寫作中瀟灑自如。

第1章

10 分鐘學會大咖不教的「基本功」！

如何讓人點進去？關鍵是標題！

寫好標題非常考驗寫作者的功力，因為必須要從文章核心思想和亮點中，尋找出吸引讀者的關鍵，然後將它變成符合要求的標題，這需要具備優秀的思考和表達能力。

好標題的特徵

瞭解好標題的特徵之前，必須先知道好標題的作用與優點。好標題能暗示或揭示主題，但要特別注意的是，如果標題取得漂亮又吸引人，讀者看完後卻覺得內容跟標題沒有太大關聯，就會感到被欺騙，反而造成反效果。所以，下標時不但要吸引注目，還要注意標題跟文章的關聯。

好標題的第一個特徵是表達簡潔鮮明。第二個特徵是引發讀者的某種情緒或心理反應，進而想繼續閱讀下去。例如：看到某個標題後，引發同情、熱愛、憎恨等情緒，或是產生好奇、疑問等心理反應。

第三個特徵則是有明確的指向性。好標題能吸引目標讀者。反過來說，目標讀者以外的人可以從題目判斷大致內容，不會浪費時間點開閱讀。以下舉幾個具體例子，分別從古代到近現代，再到當代。

這三個例子能讓各位明白好標題的特點，並隨著時代發展和進步，觀察好標題的特徵與變化。

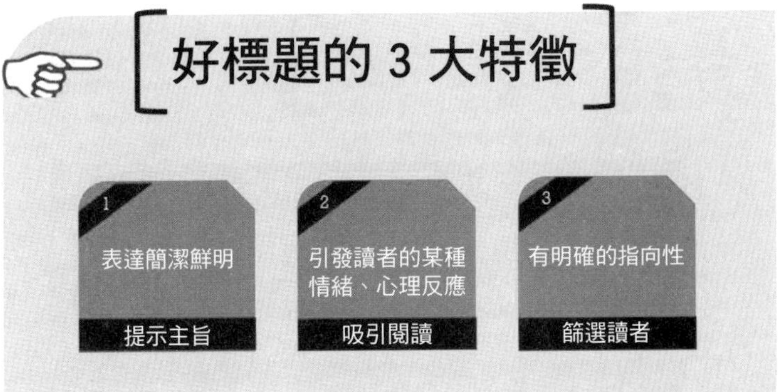

第一個標題是李白的〈將進酒〉，為什麼題目非常普通，卻能夠流傳千古？

其實，文章的傳播跟內容、作者緊密相關。如果作者是名人，標題再怎麼普通也能吸引很多人。就好比LV、星巴克等世界知名品牌，即使不做行銷也會有人找上門。名人的字畫或詩詞本身就是大品牌，很多都自帶流量，不完全靠標題來吸引讀者。

第二個標題是朱自清的散文〈槳聲燈影裡的秦淮河〉。當年朱自清、俞平伯兩人共遊秦淮河之後，各自寫下一篇〈槳聲燈影裡的秦淮河〉，在現代散文史皆非常知名。而且，這個題目畫面感十足，讀到這個題目後，腦海裡容易浮現夜晚槳聲燈影的畫面，

好標題舉例

1 〈將進酒〉

2 〈槳聲燈影裡的秦淮河〉

3 〈看完這七條，年薪百萬只是小目標〉

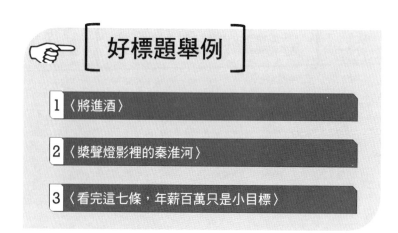

會有進一步閱讀的欲望。

再來看第三個標題〈看完這七條，年薪百萬只是個小目標〉。對某些人來說，「年薪百萬只是個小目標」這幾個字的吸引力非常強烈。而且，標題前半部說看完七條就夠，讓人忍不住點進去閱讀。

在生活節奏快速的時代，必須增強文章標題的吸睛程度，當閱讀文章和寫文章的人越來越多，只有寫好標題才能在文章海中受到矚目。

寫出好標題的方法

接下來談談如何寫出好標題。這個方法可以濃縮成一句話：「提煉文章亮點，揣摩目標讀者心理，套用、創新三步走。」以下舉一篇探討高房價的文章，來分析三個步驟。文章主要分析高房價帶來的壓力，重點著墨於同情「八〇後❶」面對高

❶ 於一九八〇至一九八九年出生的人。

房價的心情。

● **第一步：提煉文章亮點**

這篇文章有兩個亮點，一是理性分析高房價帶來的壓力，二是感性表達出對八〇後的同情。

● **第二步：揣摩目標讀者心理**

這篇文章的目標讀者明確指向八〇後，他們在居住方面大致可分為兩個心理。第一，普遍渴望擁有自己的住房，也許是想結婚生子或擺脫對父母的依賴。第二，對高房價的問題無可奈何、欲哭無淚。

● **第三步：套用、創新**

明白文章亮點和目標讀者心理後，接著要套用標題範本，我選擇的範本為〈王者榮耀，毀了這一群孩子〉，此類標題指出某個現象對某群人的影響。套用後，標題變成〈高房價摧毀「八〇後」的一切〉，更能引發目標讀者的共鳴。

各位可能已經注意到，這種下標方法的前提是已經完成內容，再回過頭來下標。如果非常熟悉文章的思路和內容，可以先打好草稿再想標題，而收集範本則需要時間積累及審美能力。

寫出好標題的技巧

1. 引發共鳴

這個技巧只要借用一些情感動詞即可，像是喜歡、討厭、熱愛、渴望等。在很多情況下，表現情感的詞能引發共鳴。例如：〈孩子，但願你不再孤單〉，「但願」和「孤單」都算是情感動詞。

2. 製造反差

簡單來說，這個技巧可以概括為「……但……」，例如：〈我離婚了，但我很高興〉。標題前半部寫「我離婚了」，按常理應該是件痛苦的事，但後半部卻說「我很高興」，這就是一種反差。

3. 引發爭議

引發爭議的技巧通常是「為什麼」或「怎麼樣」的結構，例如：〈我為什麼支持實習生休學〉。「支持實習生休學」這件事，便可引發爭議。

4. 顛覆認知

顛覆認知的標題結構則是「……你不知道……」，例如：〈管理上級你不知道的幾招〉。

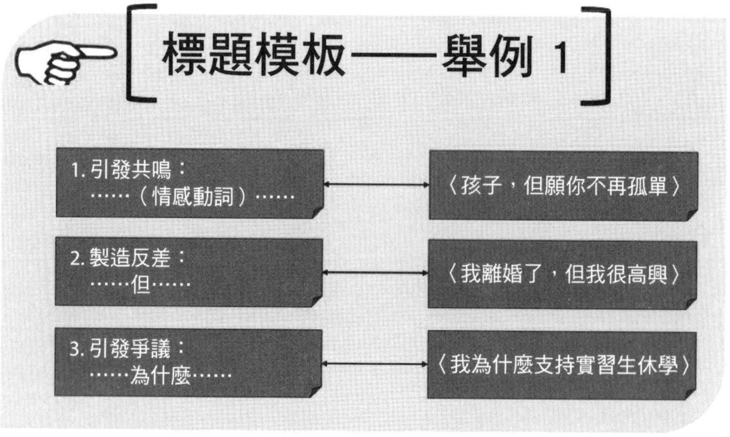
標題模板──舉例 1
1. 引發共鳴：
……（情感動詞）……
〈孩子，但願你不再孤單〉
2. 製造反差：
……但……
〈我離婚了，但我很高興〉
3. 引發爭議：
……為什麼……
〈我為什麼支持實習生休學〉

在普遍認知中，應該是上級管理下級，而這個標題卻是管理上級，很明顯地顛覆原先的認知，很容易吸引讀者的興趣。

5. 解決問題

這個技巧的結構可總括為「目標＋問題＋方案」。舉英語檢定為例，對很多考生來說，詞彙量是很重要的問題。

因此，很多參加英語檢定的人，如果看到〈三招解決英文詞彙不夠的尷尬〉這個標題，便會很想打開文章，看看該如何增加詞彙量。

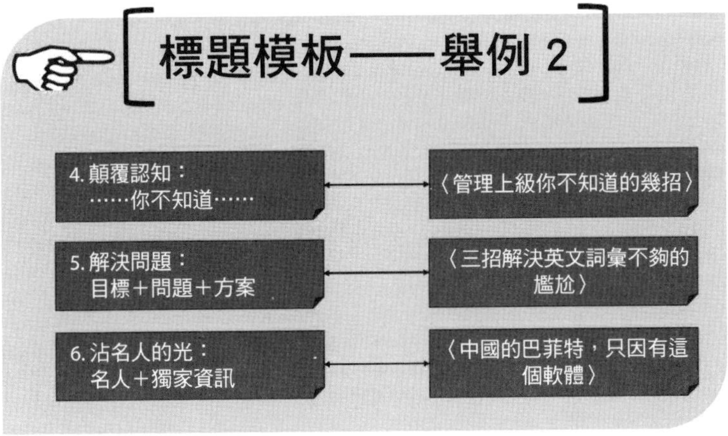
標題模板──舉例 2
4. 顛覆認知：……你不知道……
〈管理上級你不知道的幾招〉
5. 解決問題：目標＋問題＋方案
〈三招解決英文詞彙不夠的尷尬〉
6. 沾名人的光：名人＋獨家資訊
〈中國的巴菲特，只因有這個軟體〉

6. 沾名人的光

前文談到很多名人、偉人自帶流量，因此我們可以借用比喻、類比等修辭手法，再加上「獨家資訊」，例如：〈中國的巴菲特，只因有這個軟體〉。

這個標題將文章中提及的人比喻為中國巴菲特，成功沾名人的光，標題下半部「只因有這個軟體」是獨家資訊，很容易引起注意。

朗朗上口的金句是怎麼產生？

不論是短篇小品或是長篇大論，文章都由句子構成，寫好句子就是寫好文章最重要的基本功。

如何判斷好句子

在介紹如何判斷好句子之前，必須回到寫作、演講以及日常交流的場景，包括生活和工作上的人際交往，這些都是句子賴以生存的土壤。

好句子的原理可以濃縮成「言之無文，行而不遠」，如果說話或寫文章時沒有帶一點文采，或是無法產生影響力，便很難傳播出去。

具體來說，好句子的前提是必須為正確句子，而句子的基本要求是完整和通順。假設我們說了一句話、寫下一個句子，卻無法傳達自己想表達的完整意思，便很難說是好句子。

其次，好句子要便於理解，最好像電視廣告一樣念起來朗朗上口，讓所有人一聽就能明白。此外，要特別注意目標讀者，以便寫出他們容易理解的句子。

接下來，好句子應該利於傳播且容易被大眾接受，也就是句子本身帶有能量，以下將能量分為三種。第一種是句子本身帶有知識能量，讀完後可以提升知識。第二種則帶有情感能量，得以產生興奮、同情、悲哀、

如何判斷好句子

原理

言之無文，行而不遠

1. 符合句子的基本要求。
2. 便於讀者理解。
3. 利於傳播和接受。

激動、感謝等情緒。第三種是能指出明確方向和行動法則，帶有驅使讀者行動的能量。

❖ 寫出好句子的技巧

1. 懂基本的語法知識

首先，可以透過搜尋引擎查詢基本的語法知識，像是句子的成分和結構等。其次，可以和身邊的優秀作者交流。

2. 把低能量句子轉化為高能量句子

高能量句子指的是加入觀點或情緒的句子。雖然好好使用可以吸引讀者的興趣，但在某些需要平淡敘事或是為下文製造反差的地方，就不一定要使用高能量句子。

接下來，透過兩個案例，介紹如何將低能量句子轉換為高能量。第一個案例的原句是：「千萬別放棄，一定要努力」，這句話的意思其實已經簡潔明瞭，但可以進一步改成：「千萬別放棄，一旦放棄了，生活也不會饒了你」，後者的句子能量較高，因為加入了觀點和情緒。

第二個案例的原句是：「我是真心喜歡音樂！」這句話已經帶有一定的情緒，但可以增加能量變成：「海枯石爛、天崩地裂、死去活來，我都喜歡音樂！」增強情感能量，會更有感染力。

3. 語句盡量口語化

廣義來說，自媒體寫作的目標讀者是大眾，如果想讓文章被更多人看到，必須盡量口語化。只要多聽聽各大媒體平臺的影片或節目，觀察說話者的遣詞用句，很容易發現這個道理。

4. 少用抽象表述，多用形象表達

抽象表述是指某些專業用語或概括性語詞。如果喜愛用抽象表述，導致句子不好理解又難以傳播，它們就只能停留在個人世界裡。

5. 善用名詞

名詞是我們為萬事萬物取的名字，最大的好處是一讀到或聽到，就能在腦海裡產生非常具體的形象。請各位比較以下兩個句子：

(1)「今天遇到一個長得很像金城武的男生在賣爆米花。」
(2)「今天遇到一個長得很帥的男生在賣爆米花。」

你發現了嗎？第二個句子令人難以想像這個男生到底有多帥，而第一個句子能直接引起很多人的具體聯想。

除了利用人名引起讀者的想像，自然景物也可引發許多聯想，請各位比較以下兩個句子：

(1)「那些美好的事物彷彿要把我帶往春天，而我一次次按住內心的雪。」
(2)「那些美好的事物彷彿要把我帶往春天，而我一次次按住內心的激動。」

第一個句子中使用「雪」這個名詞，引發我們具體的聯想，可以感受到內心彷彿正在融化。如果改成第二個句子的「激動」呢？這個詞語看不見摸不著，較難引起具體聯想和感受。

接下來要比較的兩個句子如下：

(1)「如果真的有長長的望遠鏡，請用它帶孩子們看星星。」
(2)「如果你有一種高科技的設備，請帶孩子去研究星空和天文。」

以上兩個句子都運用到名詞，差別在於第一個句子使用具體的名詞，第二個句子使用較為抽象與概括性的名詞。很顯然地，抽象的寫法會令讀者較難理解，甚至毫無頭緒。相反地，如果把句中較抽象的名詞換成生活中常見的名詞，會更容易理解且利於傳播。

6. 把長句變成短句

以下直接用具體案例說明冗句的殺傷力：

- 長句：上週因為表姐要還信用卡費，所以跟我借錢，於是我把卡裡剩下不到四千元的錢借給她，共借她三千元。
- 短句：上週表姐跟我借錢還信用卡費，我的卡裡剩不到四千元，便借她三千元。

第一個句子冗長且難以閱讀，修改成第二個句子之後，是不是更容易閱讀？接著再比較以下句子：

- 長句：生活中不乏擁有「我弱我有理，我窮我有理」的巨嬰心態的人，只要遇到困難，總是理所當然地向人伸手。
- 短句：生活中不乏以巨嬰心態活著的人，他們秉持「我弱我有理，我窮我有理」，遇到苦難就先伸手。

第一個句子很長，改寫分段成短句之後，顯得乾淨明瞭。

7. 善於模仿金句

在網路熱文裡，通常會看到一些讓人印象深刻的句子，它們往往能戳中讀者的痛點或某種情緒，令人不自覺地想分享給他人。其實，寫出金句的技巧也可以總結成固定句式，例如：把兩種現象擺在一起，用「可以+不可以」的對比結構加以組合，實例如下：

你**可以**一天整成一個范冰冰，但你**不可以**一天讀成一個林徽因。

這種互相對比顯現差別的方式，能帶給讀者真相或規律。

另外，還可以總結為「不……＋就……」的結構，也就是非此即彼，例如：

不在沉默中爆發，**就**在沉默中滅亡。

這句話引起很多人共鳴，它宣洩情緒，同時指明真相，使人不自覺地感受到某種力量，推動你去分享這個句子。

你的段落是否像海嘯，一波波地高潮迭起

❖ 好段落的特徵

寫好段落是走向寫好文章的重要階段，具有三個特徵：第一個是圍繞一個中心點展開論點，由核心意思統領整個段落；第二個是具有合理的結構，讓讀者按照一定的認知順序來理解；第三個則是具備感染力或說服力，與全文的風格和諧一致。

好的段落猶如人體器官，能夠相對獨立地實現某種功能，例如：大腦是思考器官、胃是消化器官等，文章的段落也是如此。接下來，我們舉〈笑著荷衣不嘆窮〉的段落來說明：

這只是貧富差距嗎？不，其中還有萬里江河只在我心的領會。佛不遠人，自心是佛。能捨了家中的池塘去追尋流水的蜿蜒，能撇開家中的如豆燈光去欣賞滿天星輝，能邁出自家的院子，用腳步去丈量天下，這便是一顆心能達到的高度。也許你坐擁天下，也可能一無所有。就算你一無所有，也能夠坐擁天下，因為享受從來與擁有無關。

如果從結構的角度來看，可以發現上面的段落大致可折解為「設問、答問、展開、小結」。開頭第一句話引出我們的思考，後文指出不僅僅是經濟上的差距，更重要的是精神層面的差距。

接著，文中舉出幾個具體例子佐證自己的看法，第一個是捨棄家中的池塘去追尋流水的蜿蜒，第二個是撇開家中的如豆燈光去欣賞滿天星輝，第三個是邁出自家的院子，用腳步丈量天下。這三個例子使核心意思更具體，讓讀者容易理解。

最後作者做小結，告訴讀者只要擁有這樣一顆心，便可享受更廣闊的世界和天地，而這種享受跟經濟上的富足無關。

上文圍繞一個中心展開段落組織，同時符合邏輯順序：從具體事物逐步抽象，最終提升到更高的層次。

另外，段落也有說服力和感染力，因為具體例子讓我們知道作者的結論不是憑空而來，而是有理有據。

寫出好段落的方法

在寫出好段落之前，要確立想表達的核心意思，通常一個段落只要有一個核心點即可。有些讀者可能會問：「如果我腦海中找不到這個點怎麼辦？」

在閱讀量和見聞夠豐富的情況下，

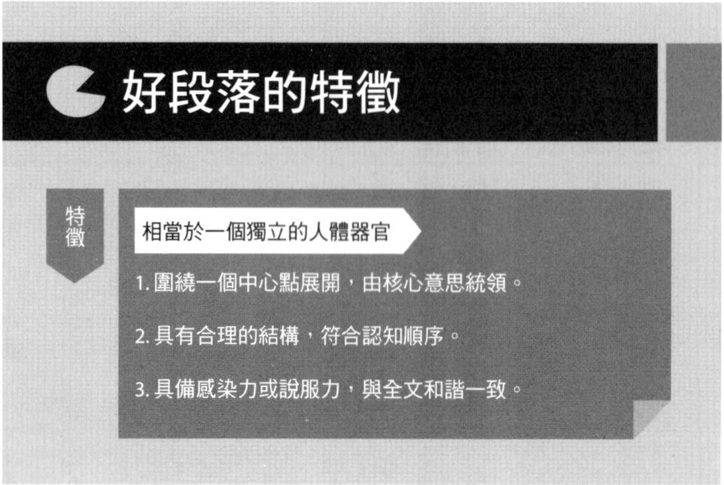

特徵	相當於一個獨立的人體器官
	1. 圍繞一個中心點展開，由核心意思統領。
	2. 具有合理的結構，符合認知順序。
	3. 具備感染力或說服力，與全文和諧一致。

融合感受和思維能逐步形成核心點，圍繞這個點來組織段落會比較輕鬆。

接下來，問問自己要分幾步才能說清楚核心意思，簡單來說就是釐清思路，然後確立想表達的核心點和步驟，以此為基礎寫下關鍵句子。這樣一來，段落的骨架就出來了。最後，為了使段落更完善，再補充輔助性的句子。

以下舉個具體例子幫助大家理解。假設某篇文章的主題是「究竟要不要過西洋節日」，某些長輩持反對意見，但年輕人希望和同伴一起熱鬧過這些節日。就我的觀點來看，過節的心態很關鍵，於是接著分析「過節的心態很關

好段落的方法

方法

1. 確立想表達的核心意思。
2. 根據核心點，問自己分幾步才能清楚表達核心意思。
3. 寫出關鍵句子。
4. 補充輔助性的句子。

鍵」這一點，並分成以下三步：

- 第一步：單純崇拜的心態可能導致為過節而過節。以親身經歷梳理曾遇過的某些現象，發現很多人只是覺得過西洋節日很有面子。
- 第二步：體驗和瞭解西方文化的心態。
- 第三步：分析、反思過西洋節日的形式，有助於搭建兩種文化的交流和對話橋樑。

為了使段落看起來更加通順、完整，我再補充幾個輔助性句子。例如：段落開頭可以加上：「最近朋友們都在談論西洋節日，我也來說說我的觀點」，接著再接上：「為什麼過節的心態很關鍵呢？讓我來簡單談談吧。」這樣能使段落更完整。

❖ 五種常見的結構類型

看完上述寫作段落的方法後，部分讀者可能已經略懂一二，為了更有系統地習得寫段落的方法，接下來介紹常見的五種結構類型，分別是總分式結構、並列式結構、直進式結構、轉折式結構，以及因果式結構。

1. 總分式結構

有時候，「努力」就像一件華麗的外衣，掩蓋了不思進取的事實。嘴上喊著所向無敵，心裡卻常常不堪一擊。欺騙自己，甚至自欺欺人，找各種理由不斷安慰自己：這不是我的問題。不斷拖拉糊弄、虛與委蛇，不斷向現實妥協，每天得過且過，寄希望於虛無縹緲的明天，最終一步步地迷失掉自我。

——官方帳號「讀者」

開頭第一句話說，有時候用努力掩蓋不思進取的事實，這是總觀點。接下來幾句話圍繞這個觀點一步步展開。首先，這種人嘴巴上喊著所向無敵，內心卻不堪一擊。接下來，找各種理由安慰自己，寄希望於虛無縹緲的明天，最終一步步迷失自我。

2. 並列式結構

二十幾歲談結婚似乎有點早，初戀又太晚；跟小孩一起玩無聊，跟長輩待一起又沒共同話題；在家太閒，出門沒錢；什麼都不想會被罵沒理想，想法多了又被說不切實際！孝順父母，想得很美好，實現起來很敷衍；闖蕩事業，社會太殘酷，身影太單薄；期待真愛，責任太重，肩膀太窄。

——〈二十多歲的尷尬，你怕不怕？〉

事實上，這段話由兩個長句子組成，第一個長句從「二十多歲」到「又被說不切實際」，第二個長句是「孝順父母」到「肩膀太窄」。大家可以發現，兩個長句是由並列式的小句子所構成。

作者運用大量並列句的方式，寫出種種無可奈何的感覺。這種沒有前後之分，只是並列兩種或多種句子的結構，稱之為並列式結構。

3. 直進式結構

聽同事說了個故事，他的同學高中畢業時，跟父母說想去美國上學，父母給他一百多萬，讓他去美國好好學習，結果他拿一百多萬去跟女朋友在美國和加拿大玩了一大圈。大家都說他靠不住、太扯了，他說你們不懂，我這叫投資。

——〈不要害怕浪費自己的努力〉

按照時間或事發順序展開的文章稱為直進式結構。上文第一句話寫出故事主角，也就是同事的同學，他在高中時為了去美國，向父母要了一筆錢，但他把錢拿去跟女朋友共遊美國和加拿大，大家都說他靠不住，他反過來說這叫投資。

4. 轉折式結構

還有更多人想努力卻放棄了，因為他們太害怕失敗。他們說自己害怕失敗遠超過對成功的渴望。如果說他們害怕失敗是基於現實的負擔、經濟的壓力，我可以理解。但很多人是害怕事情太難、害怕自己做不到、害怕丟臉、害怕被別人當成傻子。簡單地說，他們的偶像包袱太重了，總覺得全世界都在關注自己的失敗。恕我直言，你在別人的世界裡沒有那麼重要，至少沒有你想得那麼重要。

——〈不好意思，你的努力不值錢〉

作者一開始指出，許多人害怕失敗是基於現實和經濟壓力等，但後面突然筆鋒一轉，認為很多人是因為害怕事情太難、丟臉、別人嘲笑。這就是轉折式結構，適合運用在有獨特觀點和見解的文章中。

5. 因果式結構

很多人說，努力需要很大的勇氣，其實努力只需要執行力，不努力才需要勇氣。因為不努力，你就要坦然接受別人比你強；因為不努力，你就要承認各種風險，比如家人生病，你卻無能為力；因為不努力，你就要容忍將來的自己可能罵現在的自己是傻子。

——〈不好意思，你的努力不值錢〉

作者用因果式結構概括很多人不努力的情況，第一句指出努力只需要執行力，不努力才需要勇氣，這是一個結果。接下來，用三個「因為」找出原因，整體結構是從果到因。

❖借助問題引出想表達的內容

無論是表情達意還是闡明觀點，好段落都具有清晰的結構，而且能實現寫作意圖。建構好結構後，我們可以用問題引出文章想表達的主要內容。假如我要寫一段話，向讀者解說什麼是「深度工作」，可以提出以下問題：

- 有沒有與此相反的工作模式？常見的工作模式是什麼？
- 可以舉個例子說明嗎？
- 能否用一句話概括解釋什麼是深度工作？

根據這些問題結合自己的素材，可以寫出以下段落：

深入理解深度工作之前，要先瞭解什麼是淺薄工作。淺薄工作是不太需要認知要求的事務性任務，且往往伴隨許多干擾，此類工作通常不會為世界創造太多新價值，而且容易複製。

舉例來說，列印檔案就屬於淺薄工作。因為並不需要具備高超的認知能力，你可以一邊列印檔案，一邊回覆訊息，而且誰都能輕易完成這個工作，被取代的可能性相當大。

我們的問題是，面對需要深度工作的任務，卻用淺薄工作的模式來完成，結果當然會大打折扣。

深度工作是指在無干擾的狀態下專注地進行職業活動，使個人的認知能力達到極限。這種努力能夠創造新價值、提升技能，而且難以複製。

——〈為什麼你每天忙著「精進」，卻還是個低品質勤奮者？〉

練習「篇章金三角」，讓你寫作文情並茂

學會組織段落後，離寫好文章便不遠了，這節我們來談談怎麼組織好文章。不少人在提筆寫作時，可能感到困惑：「為什麼有人能洋洋灑灑地寫出篇幅很長、規模很大的文章，自己卻寫不出來呢？」

其實，文章長短、篇幅大小都跟文章的組織結構有很大關係。在構思過程中，如果能按照清楚的邏輯順序設計文章的整體框架和思路，人人都可以寫出篇幅長的文章。

❖ 寫好篇章的原理

一篇好文章應該具備哪些要素呢？總體可以用「金三角」來概括，分為文章的中心（母題、子題）＋材料＋結構。

首先，如果文章沒有中心，再多材料也是一盤散沙，文章的中心可以稱為**母題**，而每個段落要表達的核心重點稱為**子題**。有了中心之後，我們需要相當於人體血肉的**材料**，最後還要有好比人體骨架的**結構**，因為有了骨架，血肉才有地方可以依附。

我們明白篇章應具備的三大要素後，還要從這三者的關係來考慮。舉例來說，母題和子題其實是段落跟文章中心的關係，無論文章有三個段落還是五個段落，都要根據母題安排。

更重要的是，要考慮開頭、中段和結尾，這三者之間有個內在的關聯。開頭往往是為了引出中段的內容，而中段的具體展開充分表達文章的中心，至於結尾則是從中段部分延伸、引申而來。

舉例來說，〈我們還能陪父母多久？〉這篇文章由四個部分組成。第一部分講人生很長，但能陪父母的時間不多。

第二部分講漸漸老去的父母，不惜接受虛假的關懷。第三部分論述沒人願意父母老去，但誰都阻止不了這天的到來。第四部分說餘生很長，多留點時間給父母。

根據前面講的「金三角」要素，這篇文章的主題是「多留點時間陪父母」，材料是前文提到的四個部分內容。

具體來說，開頭的第一部分指出事實和現象，讓讀者先進入事實的情境。第二部分再從事實中衍生「很多父母得不到兒女陪伴」的怪現象，有些父母甚至不惜接

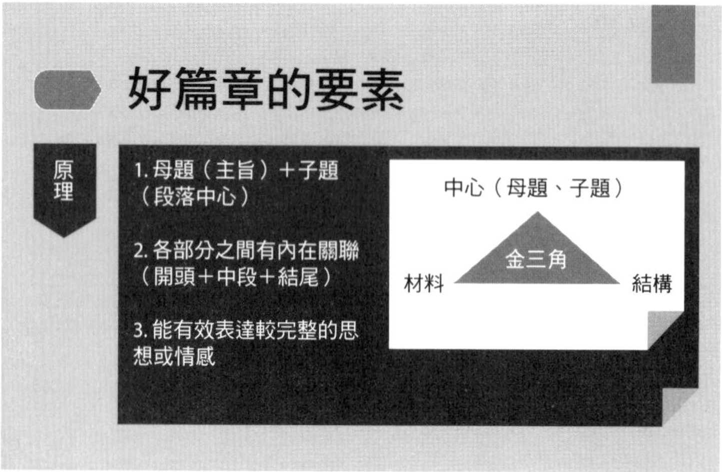

受虛假的關懷。像是有對父母為了得到關懷，不惜花大錢買保健食品，只因為銷售員非常熱心親切。

將第一部分跟第二部分合起來看，兩者的內在關聯為因與果，也就是前文提過的因果關係。

第三部分從前面兩個事實（一個是事實，一個是現象）加以引申，講述沒人願意父母老去，誰都阻止不了這天到來，把事實和現象提升到自然規律的高度，也就是生老病死的基本規律，如果忽視這個規律人生，可能會留下遺憾。

作者由此再引出案例，季羨林在國外留學，沒趕上母親的臨終時刻，以至於抱

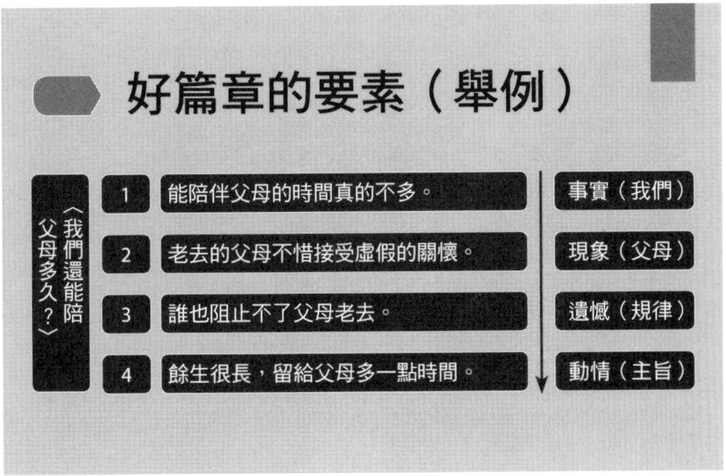

好篇章的要素（舉例）

《我們還能陪父母多久？》			
	1	能陪伴父母的時間真的不多。	事實（我們）
	2	老去的父母不惜接受虛假的關懷。	現象（父母）
	3	誰也阻止不了父母老去。	遺憾（規律）
	4	餘生很長，留給父母多一點時間。	動情（主旨）

終身之憾。

文章寫到這裡似乎可以收尾，但作者沒有就此停筆，而是在第四部分以情感打動讀者，再次提出要多留點時間給父母。

這篇文章的主旨相當清晰，從結構上來看，由事實講到現象再談到規律，最後深化主題，層層遞進。文章的材料相當豐富，包括普通人對待父母的情況，也談到名人對待父母的情況。而且，中心、結構和材料統合得很和諧，同時曉之以理、動之以情。

總體來說，好的篇章或文章具備打動人心的力量，關鍵就在於材料、結構及主題三者間的平衡。

❖組織好篇章的方法

關於組織好篇章的方法，我想向大家介紹四步法：

- 第一步：根據寫作原點（感受、想法），確立表達的中心。
- 第二步：根據中心選取和剪裁材料。
- 第三步：安排材料的先後順序，確立每個材料的寫作角度。
- 第四步：以前三步為基礎列出大綱。

這裡我想特別強調寫作原點，簡單來說，就是每個人動筆寫作前，內心最初的感受或想法。也許這個想法剛開始非常模糊、粗淺，但總是觸動內心，促使我們透過寫文章的方式來表達。在組織篇章的過程中，這個寫作原點會發展成文章的中心。

接下來，我舉自己的散文〈尋常日子過成詩〉為例，讓各位更具體地瞭解何謂寫作原點。這篇文章的寫作原點是我父親的生活非常平淡，但他從來沒抱怨，反而很恬靜。

這個想法一開始在我內心相當模糊。因為身邊的一些朋友或同事，對工作或生活總有各式各樣的抱怨，覺得工作太繁忙緊張，日子缺少詩情畫意的美好，覺得人生總是不如意。相較之下，我的父親雖然每天都過得平淡，卻十分享受生活的每一刻。

我突然想到，父親能把尋常日子過得非常美好實在相當了不起，這就是我寫這篇散文前最初的想法，也是寫作原動力。找到原動力後，如何把腦海中的想法延展成一篇散文呢？

父親把平淡的日子過得很舒服，因此我將「尋常日子過成詩」作為標題，同時揭示這篇文章的中心。確立中心之後，接下來要思考如何一步步把這個意思說清楚。

我打開記憶的倉庫，回憶與父親相處的點滴，並將重點放在父親如何過日子、怎麼把平常日子過成詩，得出下列三個素材：

1. 父親兒時如何洗衣做飯。
2. 母親認為父親總是被佔各式各樣的便宜，但父親從不覺得自己吃虧。
3. 在一般人的眼裡，父親每天的例行公事是工作外的勞動和負擔。

從第一個素材來看，父親把平常日子過成詩，是因為從小已經養成習慣，而不是後來刻意改變。

接下來，我著重書寫第二、三個素材，因為這是我的親身體驗和感受，可以寫出真情實感。與此同時，我在寫父親的例行公事時，還引用一部分的詩歌，以襯托父親如何將平常日子過得像詩一般愜意。

根據中心選取和剪裁材料後，該怎麼確立寫作角度？舉第二個素材為例，從母親的反應來寫父親不怕吃虧，更突顯父親恬靜的性格，因為兩人不同的想法和反應形成鮮明的對比。第三個素材的寫作角度，則是運用詩情畫意的詩歌進行對比，突顯父親的自然而然。

許多人在找到文章想表達的中心，也收集適合的材料後，仍苦惱於將它們組織成篇章。以下介紹三個技巧，希望能提供一些提示或幫助。

❖組織好篇章的技巧一：故事＋金句

我認為寫出好篇章最重要的技巧是學會列大綱，從大到小、由主到次。假如你決定寫一篇關於社群好友圈的文章，角度是從好友圈產生的問題切入，並分成以下三個部分：

1. 學習碎片化，人生越來越萎靡。
2. 陌生人越來越多，社群好友圈越來越不安全。
3. 為了看社群好友圈的發文，很多低頭族經常會犯一些錯誤。

接著，在第一個部分列出兩個例子、第二部分列出一個例子，這樣一來，會發現好友圈的問題不再是個模糊概念。列出大綱後，可以具體思考要加入哪些事例，知道文章要寫什麼、先寫什麼、後寫什麼。

為了讓各位更加理解文章篇章結構及列大綱的方法，以下再舉一個常見的篇章結構類型供大家參考。

作家趙星（筆名為一直特立獨行的貓）有篇文章，題目是〈看了日劇《房仲女王》，才知道自己的努力為什麼總是沒用〉。這篇文章的寫法正是典型的「故事＋金句」。

這部日劇的主角是位叫作三軒家萬智的房仲業務，透過深入觀察顧客，用一般人難以想像的角度，找到顧客的潛在需求，進而順利成交。

趙星在這篇文章中談到某一集的劇情：一對醫生夫婦上班忙碌，希望住得離醫院近一點，但兒子不肯搬家，因此遲遲無法解決購屋的事。三軒家透過蹲點觀察，得知兒子不肯搬家的原因是老家的石榴樹，它承載著兒子對奶奶的美好回憶。於是三軒家剪下一截石榴樹，移植為盆栽，並放置在醫院附近的房間裡。而且，她把屋子佈置得跟兒子過去住的老房間一樣溫馨，終於讓兒子願意搬家。

一般人提到房仲業務，刻板印象是他們只為了賺錢，但這篇文章得出一個結論：「房仲負責的不只是一間房子，而是顧客的整個人生。」

大多數人工作只求表面功夫，以為做過就等於會做，卻從來沒有真正用心，也

沒有認真思考。趙星引出的金句非常有新意，甚至提高到人生職涯的高度。金句是：「真正做事的人，是用心又認真思考的人。」這篇文章獲得讀者非常大的認可。

仔細觀察會發現，其實我們身邊也有很多「故事＋金句」的文章結構類型，首先用故事吸引人，再用金句打動人心。

❖組織好篇章的技巧二：故事＋道理

第二種常見的篇章結構類型是以第一種為基礎變化而來，可以概括為「故事一＋道理一、故事二＋道理二、故事三＋道理三」。

我們同樣以趙星的文章為例，她的另外一篇文章是〈名校和非名校最重要的差距，悄悄影響著我們的一生〉。這篇文章由三個故事和三個道理組成，道理一層層遞進、一層層深入，讓讀者在閱讀過程中，自然而然地接受其中的道理。

第一個故事講述名校學生在期末考試後，像往常一樣學習，相較之下，很多非名校學生在期末考後瘋狂大玩，覺得獲得解放。由此可知，名校和非名校的區別不僅是校名的差別，還有思考方式。

第二個故事是關於年薪百萬的人怎麼生活，作者透過具體案例，告訴我們世界上就是有一些人高速運轉，另一些人起床後發現世界變了。

第三個故事說的是一位懷著雙胞胎的女士，在懷孕期間又開了兩家公司。作者由此得出一個道理：如果能用更高的標準要求自己，即使沒能成為頂尖，也一定好過現在的自己。

三個故事加上三個道理，淋漓盡致地呈現主題的重點：名校和非名校的差距不體現在學校名字，而是思考方式、做事標準和行為模式，這些要素會悄悄改變我們一生。

❖組織好篇章的技巧三：場景＋問題＋解決方案

第三種技巧在實用類文章中相當常見，通常先從生活或工作場景中引出問題，再提出解決方案。舉例來說，〈我是如何提升閱讀能力的〉這篇文章，即是運用這樣的結構。

第一部分的場景是五分鐘後就要打烊的餐廳，藉由這個具體的生活場景，引申到工作崗位上會遇到的類似情況。在職場中，我們也常遇到時間緊急的情況下，仍需克服障礙或完成任務。接著以作者的經驗為例，描述工作崗位上遇到障礙時，需要學習很多新東西。

描述完生活與工作的問題後，接下來引出真正的問題：「大家都知道閱讀可以提升自己的內涵，但書籍太多、時間太少，怎麼辦呢？解決方案是運用快速閱讀的方法。」

文章緊接著介紹快速閱讀、主題閱讀、精讀等不同方法，以及它們帶來的收穫。最後，再談閱讀的最高境界是徹底忘記閱讀方法。這種從場景開頭、引出問題，最後提供解決方案的結構，是組織實用類文章時常見的技巧。

相信各位學到這三個技巧後，能舉一反三，發現更多文章的篇章結構類型，並且學以致用，讓自己的文章青出於藍而更勝於藍。

前三秒是關鍵！開頭這麼寫讓人欲罷不能

好的開頭是成功的一半，我們要寫出精彩無比的開頭，才能吸引讀者不停地讀下去。

好開頭的作用

我認為好開頭有三大作用，概括成九個字是：定基調、激興趣、引下文。

定基調指的是可以從一篇文章的開頭給讀者提示和感受，很快地看出文章的基調是屬於有趣、有用，還是有情。

激興趣是讓讀者看完開頭後，產生接著讀下去的欲望。在節奏快速的現代，讀者在智慧型手機上閱讀文章開頭後，若覺得沒必要再讀下去，便會跳出。

引下文則是透過開頭引出下文，讓讀者覺得下文更重要、更實用、更有內容，進而繼續讀下去。

舉朱自清相當有名的散文〈荷塘月色〉為例。文章的開頭只有簡單的一句話：「這幾天心裡頗不寧靜。」不要輕易小看這個開頭，雖然只有一句話，但是充分體現出前面講到的三大作用。

首先，可以看出心情不太好的基調，並激發讀者好奇，想知道為什麼作者心情不好、心裡不寧靜。最後是引下文，帶出寫下這句話的原因，令讀者好奇地往下看。

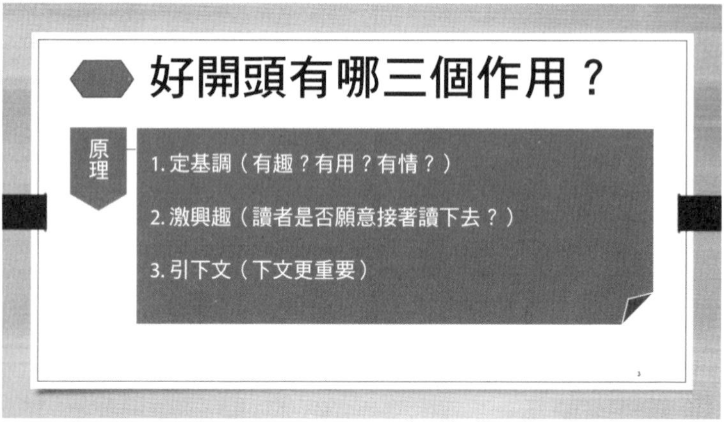
好開頭有哪三個作用？
原理
1. 定基調（有趣？有用？有情？）
2. 激興趣（讀者是否願意接著讀下去？）
3. 引下文（下文更重要）
3

由此可知，好的開頭不在於它的篇幅長短，或是運用華麗、高難度的技法，而是在於能夠發揮什麼作用。

❖寫好開頭的方法

怎樣才能寫出一個好開頭？我認為寫好開頭可以分成三步驟。

● **第一步：根據文章類型確定開頭形式。**

如果是一篇小說，就應該有小說相對應的開頭；如果是一篇實用工具文，則應該有工具文的開頭形式。

● **第二步：根據文章主題確立開頭內容。**

文章無論在開頭、中段還是結尾，都應該跟主題有密切關係，所以開頭的內容也是根據文章主題而訂定。

有的素材來安排。

● **第三步：在開頭安排合適素材。**

開頭究竟應該寫些什麼、先寫什麼、接著寫什麼、最後寫什麼？其實是根據已有的素材來安排。

介紹完三步驟的基本內容後，以下舉我的某篇書評〈為什麼你每天忙著「精進」，卻還是個低品質勤奮者〉為例。

為了讓讀者輕鬆地閱讀，並自然地融入文章情境中，我決定將書評寫得更貼近生活，並從大家都熟悉的社會現象或故事中引出話題。確定文章類型後，再據此評估怎麼寫開頭。很明顯地，書評的精華是介紹《深度工作力》（*Deep Work*）這本書，因此開頭必須提到何謂深度工作。

第三步要選擇合適的素材，我手邊的素材分別是一篇網路熱文，以及原本就知道的：「淺薄工作不等於工作膚淺。」

根據這三個步驟，我寫的開頭如下：

這幾天直播家暴的男人差點被人痛打，多少人看直播，一怒之下也上演家暴，由此可看出現代人的內心有多浮躁！也許這個年代浮躁是活著的標準配備。但是比浮躁更可怕的是淺薄，因為浮躁顯露在外，一眼就看到，而淺薄呢？可不是那麼容易發現。

外衣下的淺薄，不是每個人隨意就能發覺。我曾經忙忙碌碌，連上廁所的時間也用來發郵件，把手機當作電腦。一年下來，確實成交不少單子，可是我的文案水準始終如此，沒有太大的長進，做了兩年還是個普通辦公室上班族，後來看到《深度工作力》這本書，突然明白：有種忙碌是淺薄的忙碌、簡單的忙碌、隨時可被取代的忙碌。

以上開頭是根據三步驟方法所寫。接下來，跟大家分享四個寫好開頭的技巧。

❖ 寫好開頭的技巧

懂原理、有方法之後，還要運用一些恰當的技巧幫我們寫出較好的開頭。

1. 設置懸念

如果能在文章的開頭設置懸念，便能吸引讀者一直看下去，直到解開懸念為止。〈貧窮限制了你的想像力〉這篇文章的開頭是這樣寫的：

今天在微博看到某位策劃婚禮的大師，發了一個大型美妙婚禮現場的影像，有網友回覆問：「這是哪家酒店辦的婚禮？」大師回覆說：「自己家。」網友又回了兩個問號表示不解，大師解釋說：「新郎家裡。」

這個開頭巧妙地設置懸念。首先告訴我們有個美妙的大型婚禮現場，並透過大師和網友的一來一往，得知場地在新郎家裡。

然而，讀者看完開頭之後，反而感到更加疑惑，如此大型美妙的婚禮現場，怎麼可能在家裡舉辦呢？讀者為了解開腦海裡產生的許多疑問，必須繼續閱讀下去。由此可知，若能好好運用設置懸念的方法，可以達到非常吸引人的作用，讓讀者忍不住看下去。

2. 提出問題

以下再舉例具體說明，文章是〈二〇一八，清理朋友圈，做一個有價值的人〉，開頭是這樣寫的：

新年伊始，在各大社群網站上，我總共收到幾十條群發的新年祝福。在每個社群網站上，我都會把消息清單拉到底，試圖找出一條原創的祝福，但我失敗了。看到這些類似的祝福，我開始反思，現在科技日新月異，一切東西好像都在貶值，是不是連感情也變得廉價了？雷同的祝福、批發的心意，難道網路時代的感情都將淪為按讚之交嗎？

這個開頭屬於典型的提出問題，探討網路時代下的感情交流，是否變得廉價、淪為按讚之交。提問除了可以帶出主題，也能引發讀者思考，並希望透過閱讀文章得到問題的答案。

3. 描述場景

同樣實際舉例說明，文章的題目是〈我們為什麼會分手？〉，開頭寫道：

相愛的人為什麼會分手？那些失戀的人抱著一顆被車輪碾碎的心，在輾轉難眠的午夜，在酩酊大醉後的街頭，對著城市的夜晚嘆息，思考：「我們的感情到底哪裡出了問題？」

開頭描述失戀的人通常會處於什麼場景，而類似的場景經常在電影、電視或現實中出現，讓讀者有熟悉感，並且能迅速進入文字中的情境。此外，這個描述也能引發讀者感同身受，並為此跟著作者一起走下去，直到出現主要意旨、核心觀點才會甘休。這就是描述場景能發揮的巨大作用。

4. 簡述故事

在說明這個技巧之前，舉出〈林徽因：若有智慧藏於心，歲月從不敗美人〉這篇文章的開頭為例：

木心說：「一切出名都是源於誤會。」這話用在林徽因身上恰如其分。很多人知道林徽因始於傾國傾城的容貌，陷於對她傳奇感情世界的好奇。怎樣的女人能讓徐志摩為她離婚、梁思成一生包容、金岳霖終身不娶？這不能說完全捏造，但誤會遠遠大於真相。

上文的開頭用非常簡潔的語言，穿插林徽因一生跟情感有關的故事，充分引起讀者的興趣，因為文中與林徽因有關聯的都是知名人物，怎麼會不激發閱讀興趣呢？

除了上述提供的四個技巧之外，還有許多寫好開頭的技巧，各位可以透過多方閱讀和學習，精進自我能力。不過，無論方法或技巧多麼好，沒有實踐便難以掌握，只要多讀多寫多總結，你的文章也能「開外掛」。

文章中段該怎麼寫，才能創造第二波亮點？

不論做人、做事或是寫文章，過程都是最難的部分。如何讓文章中段有料、有趣、有滋味地展開？這節要介紹寫作文章中段的邏輯，觀察為什麼這篇文章的中段這麼寫，那篇文章卻那樣展開。

❖ 展開文章中段的邏輯

我將展開文章中段的邏輯總結成三個方面，分別是看文體、思主題、想讀者。

第一個方面是**看文體**，指的是動筆前問問自己：這篇文章屬於實用類文章、娛樂性文章，或者是偏向個人品味取向的小說、散文、詩歌等文藝型文章。

看文體是為了根據文體特點，確立邏輯及如何展開文章中段。假設寫的是實用類文章，中段通常會先釐清該文章強調什麼事物，接著講清楚為什麼，最後再說明怎麼辦，這樣的邏輯才能讓讀者有所收穫。

假若寫的是散文，中段通常要告訴讀者某人、某事、某物的故事，讓他們欣賞到某種美感或情理。

第二個方面是**思主題**，也就是思考文章的主題與中心。假如寫作實用類文章，要思考傳達什麼知識和道理，或是分享什麼實用工具給讀者。尤其當文章提供新認知時，更要釐清這是由哪些內容組成，因為必須考慮讀者是否能在已有的認知基礎上，接受新的想法或觀點。

如果主題是寫出某種趣味或樂趣，就要考慮在文章中段加入趣味元素，讓讀者感受得到。而且，究竟要先隱藏趣味不讓讀者看到，之後再層層「破梗」，還是一開始就渲染趣味？這些考量都涉及展開文章中段的邏輯。

思主題還要考慮該表達什麼情感，是尊老愛幼、個人友情，還是關於愛情、婚姻的情感？不同情感的展開邏輯不一樣，有的需要從切身體會的實際案例開始，有的可借助故事和文章。

另外，如果書寫商業類文案，寫作目的是促成行銷和交易，通常必須考慮產品或服務能為使用者帶來什麼益處，因此在展開的過程中，要讓目標使用者清晰感知到好處。

第三個方面是**想讀者**，例如：讀者能從文章裡得到什麼？如何得到？

如果讀者想得到娛樂，文章中段便要突出有趣的部分；如果讀者想得到實用知識，便要分步驟、有結構地介紹知識。以下結合具體案例，談談文章展開的邏輯。

〈有些美好等不到，有些歲月終會老〉這篇文章的展開邏輯主要是「思主題」，主題分為兩個主要方面，分別是錯過孩子美好童年的

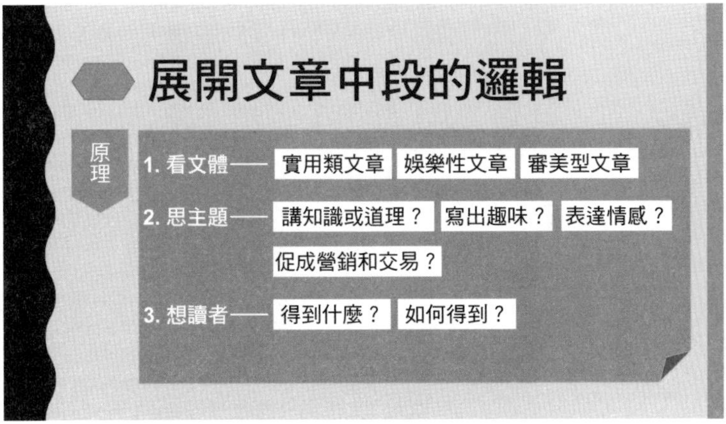
展開文章中段的邏輯
原理
1. 看文體——
實用類文章
娛樂性文章
審美型文章
2. 思主題——
講知識或道理？
寫出趣味？
表達情感？
促成營銷和交易？
3. 想讀者——
得到什麼？
如何得到？

內疚之情，以及發現父母年老的驚訝之情。根據這兩個主題，中段部分是這麼展開的：

- 第一步：先描述萬里這位父親對孩子的用心，他把孩子「裝進」畫框裡，以藝術的方式保留孩子的童年。
- 第二步：和多數父母的做法形成鮮明對比，讓大家意識到我們忽略孩子童年的美好。
- 第三步：突然發現自己的父親老態龍鍾，表達內心無比的震驚。
- 第四步：國學大師季羨林沒有見到母親最後一面的終身遺憾。

作者在文章中段運用這四步呼應主題：有些美好等不到，有些歲月終會老。

展開文章中段的方法

瞭解展開文章中段的原理後，以下介紹方法，共分為三步：

- 第一步：根據類型，確定展開文章中段的邏輯。
- 第二步：根據邏輯選定需要的材料，由於中段的篇幅大，需要足夠材料。
- 第三步：根據文章的主題思考材料的寫作角度。

為了讓大家更加理解，以下透過〈蟬聲悠悠憶童年〉這篇文章實例說明。首先，文章的類型是敘事散文，所以展開中段的邏輯是如何敘事。

接著，根據敘事邏輯進行選材，第一個材料是在梨樹林捕蟬，第二個材料是在管子上捕蟬。最後根據「憶童年」這個主題確立寫作角度，決定描寫蟬聲和孩子捕蟬的可愛情形，突顯回味無窮的童年時光。以下節選描寫蟬聲的一段文字：

「知了——知了——」蟬鳴聲由遠及近、由弱及強。剛開始尚為孤家寡人、孤叫獨鳴，似一個落寞的塤手獨奏無言的寂寞。後來，各種樂手齊聚一堂，悠揚、急促、清吟、喧濁……互相比試、各不示弱，成了一支無人指揮的大型樂隊。

中段部分運用描寫的手法，重點描寫蟬聲，這是為了在敘事過程中突出主題，也就是童年的無窮樂趣。知了聲在腦海留下深刻的印象，顯示出童年的美好令人回味無窮。介紹完方法後，再來討論展開文章中段的技巧。

❖展開文章中段的兩個技巧

第一個要介紹的技巧是**拆分小標題**，這通常用於實用類文章，以下舉我發表的文章〈如何透過自媒體寫作打造個人品牌〉為例。

在該篇文章中，其中一個小標題是「根據定位，選對平臺」，針對這個小標，我再細分為三個部分，分別是：⑴網路搜尋⑵諮詢高手⑶進入圈子。這麼分類的原因是平臺可以是整個網路，也是高手聚集在一起的地方，還可以是一個圈子。分類說明後，得以有效地展開文章的中段。

接下來要分享的第二個技巧是**借助故事法**。很多文章需要借助故事表達情感和講道理，原因很簡單：人類天生喜歡聽故事。

舉例來說，〈心情不好的時候就去做這件事〉這篇文章的中段借助勵志短片《點亮未來》，說明看某些短片可以走出心情的低谷。短片中講述小男孩為朋友發明電動輪椅，並和朋友一起贏得電動輪椅比賽的勝利。

我認為文章的中段就像麵團，如果沒有充分展開，就會緊縮在一起。因此，我們要透過各種方法讓麵團發酵，才能使它有蓬鬆的口感。

後繼無力？你該這樣畫下完美句點

做人做事講究善始善終，寫文章也一樣。很多人可能覺得文章寫完就等於結尾，其實並不是這麼簡單，文章結尾寫不好，可能會讓你事倍功半，甚至讓先前的努力付諸東流。那麼，該如何寫出一個有感染力的結尾，讓讀者印象深刻，甚至產生分享的欲望？

❖ 好結尾的效果

優秀的文章結尾應該滿足讀者三種閱讀需求：第一，產生「的確如此」的心理認同；第二，覺得「看完好過癮」的情感釋放；第三，得到「原來如此」的認知提升。

張愛玲著名愛情小說《傾城之戀》的結尾是這樣的：

香港的陷落成全了她，但是在這不可理喻的世界裡，誰知道什麼是因什麼是果，誰知道呢，也許就因為她，要成全她，一個大都市傾覆了。成千上萬的人死去，成千上萬的人痛苦著。跟著是驚天動地的大改革。流蘇並不覺得她在歷史上的地位有什麼微妙之點，她只是笑盈盈地站起身來，將蚊香盤踢到桌子底下去，傳奇裡的傾國傾城的人大抵如此。

這個結尾我們首先讓讀者產生某種心理認同。久經愛情考驗、世態炎涼的流蘇，最終也沒能逃脫悲劇性的結局。流蘇沒有找到真正的愛情，倒是因為一場戰爭而和范柳原走在一起，這樣的愛情到底是不是真正的愛情？原來愛情就是這麼不可思議。

其次，能滿足情感釋放。流蘇過去被原生家庭所厭棄，難免令人產生同情和憤懣的情緒。在小說結尾，流蘇借助范柳原報復她的原生家庭，使讀者內心的情感得以釋放。

最後，我們明白愛情當中，每個人只有不斷使自己變強大，才能真正得到心理上的平衡，這便是這篇小說帶來的認知提升。

寫出好結尾的方法

寫出好結尾的方法可以從三個角度考慮：第一，根據全文內容確定結尾的表達重點，考慮究竟是要表達情感還是闡述思想；第二，根據全文結構決定結尾的表達形式，可以是總結昇華或者對應開頭；第三，根據文章主題選定結尾的表達技巧。我們再舉〈蟬聲悠悠憶童年〉為例。

首先，文章的內容在於回憶童年，由此可在結尾引發情感。接下來是回顧全文結構，文章的開頭以詩詞引發回憶，中段則展開具體的回憶，因此結尾的表達形式採用「描寫＋抒情」的方法，除了能呼應文章開頭和中段，也可加深和強化回憶童年的美好之情。

最後，根據文章主題來選定結尾的表達技巧。既然主題是憶童年，就要渲染回憶的滋味，因此利用「老照片」作為表達技巧。具體內容如下：

蟬聲悠悠，童年遠去。那時的彈弓、麻雀、網罩、知了、梨樹林、蒼山落日、耕牛歸牧，都成了一張張歲月深處的老照片，鎖在記憶的櫃子裡。偶爾翻出來曬曬，令其見見都市里的陽光和童話，倒像是一抹嘴角的咖啡沫兒。咂咂嘴，舔舔唇，就消失了。而今的孩子，要是仰著脖子來問我，叔叔你的童年有沒有鹹蛋超人啊？我只能微笑著抱起他。蟬聲悠悠，孩子，我的鹹蛋超人已經不再了。

文章尾聲的前半部以多張照片的方式，總結文章中段的內容，然後漸漸定格為特定的一張老照片。這個表達技巧能為文章添加韻味，令人回味無窮。

從表達形式來看，結尾運用的便是描寫加上抒情的方法，情感蘊含在字裡行間，表達出美好童年已經遠去不再的感嘆，但對它依然有種深深的回味。

寫出好結尾的技巧

介紹完寫好結尾的方法後，接下來要談談寫好結尾的三個技巧。

1. 感悟＋總結

在許多點閱率高的網路文章中，經常可以看到感悟加總結的技巧。以下舉〈朋友圈三天可見，透露你的社交觀〉為例，它的結尾如下：

兩個人唯有彼此打開心扉，才算得上真正的朋友，也才應該存在於「你的朋友圈」。「朋友圈三天可見」是一種無用的逃避，避開

寫好結尾的方法

1. 根據全文內容確定結尾的表達重點。
2. 根據全文結構決定結尾的表達形式。
3. 根據文章的主題選定結尾的表達技巧。

的並不是陌生人，而是那些對你用了心的人。但是，太多人永遠只選擇那條最表象的路。

真正的朋友願意打開心扉，所以在社群好友圈上應該可以彼此敞開，這是作者的感悟。總結則是作者認為文中設置「朋友圈三天可見❷」的人，只是走了一條表象的路，事實上是傷害對你用心的人。

2. 總結＋幾個實用建議

接下來要介紹的結尾方式非常適合實用類文章，以我的文章〈我是如何同時寫作五篇文章的？〉為例。結尾如下：

❷社群軟體微信的一項功能，將隱私範圍設定為僅能看到三天以內的動態，之後發佈的資訊皆看不到。

如果自己的文章庫裡有三至五篇文章備用，更容易堅持每日更新。我是如何做到同時寫作五篇文章呢？簡單來說，就是：投石問路，「節外生枝」；順手牽羊，「多方來財」；合理安排，高效利用。

這篇文章的結尾方式是總結全文，加上幾個實用建議。文中的「同時寫作五篇文章」是總結，後面的並列句子便是實用方法。

3. 佳句＋感悟

以下舉實際文章的結尾為例，篇名是〈讀書與不讀書，差別到底在哪裡？〉，結尾如下：

常言道：「腹有詩書氣自華」，不讀書的人輸掉的就是骨子裡流露的氣質。讀書與不讀書的人，日積月累終成天壤之別。

這個結尾引用詩詞佳句，再談自己的感悟。順帶一提，佳句也可以用自己創造的金句來代替。這種結尾令人覺得非常有份量和質感，同時能打動讀者的心，留下深刻印象。

重點整理

- 寫好標題的方法為：提煉亮點、揣摩讀者心理、套用與創新。
- 好句子必須是個正確的句子，基本要求是完整和通順。
- 好段落圍繞中心展開論點並具備合理結構，還有感染或說服力。
- 好篇章的金三角為：文章中心（母題、子題）＋材料＋結構。
- 好開頭的三大作用是：定基調、激興趣、引下文。
- 文章展開的邏輯可總結成三個方面：看文體、思主題、想讀者。
- 好文章應令人產生「的確如此」的心理認同、「看完好過癮」的情感釋放、「原來如此」的認知提升。

NOTE

近年媒體平臺如雨後春筍湧現，不少人紛紛利用媒體平臺，分享知識、經驗和獨特閱歷。

寫作一方面能提高思維能力和表達水準，另一方面也能透過媒體平臺實現知識變現。

第2章

掌握 LINE、臉書的特點，讓你「被看見」！

踏入自媒體寫作世界前，必須知道3件事

回想起自己國中時，和一幫乳臭未乾的臭小子人手一根煙，在校園圍牆外一字排開，覺得自己又MAN又成熟。後來才明白，真正的成熟絕不是靠一根煙、一個造型裝出來，而是內在的穩重淡定、腹有詩書氣自華，且能寵辱不驚、悲喜不動容。繞了這麼大一個彎，我想要強調，只在乎網路寫作等於只在乎表象，離自媒體寫作還有一段很長遠的距離！

有沒有形成分享和傳播？

很多朋友每天都會到社群網站看好友的消息，首頁上的資訊就像長江後浪推

前浪，一波接一波。如果單看內容的價值，它們良莠不齊、五色雜陳，但是從資訊的多元性來看，則充分證明新媒體的特徵與魅力。馬克・波斯特（Mark Poster）的《信息方式》（*The Mode of Information*）裡有這樣一段話：

> 虛擬實境的整個情形就是你與他人一起營造一個現實，並且一直做一個與他人分享、合作的夢……。說到底，它體現出你的想像，而且這份想像與他人的想像匯合在一起，使得這個世界產生一種獨特的交流形式。

文中的虛擬實境是網路的交流方式，自媒體寫作與網路有著千絲萬縷的聯繫，而且借助網路的技術，才得以顯現種種魅力。

據說張小龍在設計微信的時候，就是瞄準人性當中自我標榜、自我分享的欲望。自媒體與傳統媒體寫作的區別，在於自媒體寫作具備「分享更及時、傳播更迅速」的特點。

傳統媒體寫作就像郵差送報紙，速度較慢。自媒體寫作則像電子郵件，速度快、效率高，分享與傳播幾乎同步展開，這就是魅力所在。

❖有沒有形成良好互動？

有人或許想問，寫作不是做節目，需要互動嗎？實際上，自媒體寫作不可忽略的第二大特點正是互動。

如今，只要有寫作意願，任誰都可以隨時隨地利用電腦和智慧型手機寫作。而且，電子內容（包括圖片、文字、語音等）都可以修改與更換。相同地，網路讓讀者能隨時閱讀你的作品。

美國文藝理論家艾布拉姆斯（M. H. Abrams）在《鏡與燈》（*The Mirror and the Lamp*）中，提出文學活動的四要素。（可見下頁圖片）

透過這張圖可以明白寫作是以作品為核心，連接作者、讀者和世界。然而，許多作品和讀者（顧客）之間並無關聯，這只能稱作產品，而非商品。

一件件產品進入商場、超市、專賣店，吸引顧客上門試用、詢價、購買，此時才能稱作商品。我們在自媒體寫文章也是如此，讀者真正閱讀之後，文章才算真正意義上的作品。

如果只寫文章而不公佈，那些文字就是私有財產，不會跟讀者產生任何關係，也不會有人來評論，自然不必操心互動的問題。

但若公佈私密文章，投稿到合適的欄目讓眾多讀者閱讀，可能會有部分的人留言、評論，如果能針對讀者的反饋回覆，便能形成良性互動。

良好的互動是自媒體寫作的重要特徵之一，因為自媒體天生就有網路基因。何坦野在《新媒體寫作論》中，認為自媒體

文學活動四要素

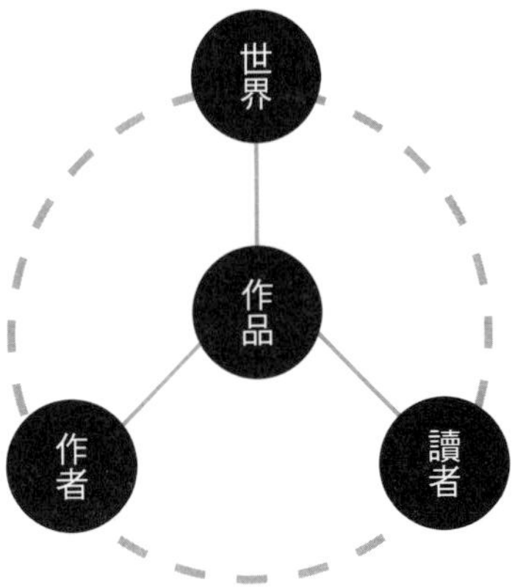

「開創性地提供一個沒有邊際的橫向資訊平臺，以及沒有中心的娛樂休閒意見平臺」。

以微信為例，朋友圈就是表達意見的平臺，男女老少都有機會與他人互動。我同事的姪子才六歲，就學會在朋友圈上發佈生日禮物的照片，表達自己滿滿的開心。自媒體寫作的互動性，讓你我的世界不再孤單。

❖有沒有形成一定影響力？

有人形容自媒體具有連鎖、滾動效應，《新媒體寫作論》中寫道，過去網路多以傳播知識為主，手機則單純傳遞資訊，而自媒體改變以往的模式，讓每個參與者既是資訊和知識的消費者，

新媒體寫作帶給個人的影響力

又是創造者，由此造就經濟價值和龐大的文化產業，進而對自己產生影響：

1. 創造個人品牌

不要以為只有明星或名牌才有品牌效應。事實上，社會中每個人都會在他人心中留下印象，而這份認知評價就是品牌價碼。甚至有人預言，二十一世紀的競爭核心就是個人品牌。

舉個簡單的例子，有兩位工作一樣出色的人資顧問，其中一位經常利用寫作分享工作經驗，是有名的領英（LinkedIn）專欄作者，而另一位則是勤懇、任勞任怨的職員。這兩人誰更能被記住呢？很顯然地，領英專欄作者較容易脫穎而出，因為他樹立個人良好的品牌。

2. 獲得職位溢價

如今有許多職場出現同工不同酬的現象，撇除玻璃天花板效應或是公司惡意操作，除了工作能力、工作量、工作績效之外，還有什麼原因呢？我認為是職位溢價。

假如有個保姆曾經幫一位名人帶小孩，工作盡心盡職、表現突出，於是這位名人把保姆推薦給其他朋友，此時這個保姆便獲得溢價空間，因為他比起市場上陌生的保姆更值得信賴。

同樣地，擁有寫作優勢的人可以透過書寫分享經驗、傳播價值，除了能幫助他人，還可獲得職位溢價。

3.實現知識變現

每個人都有自己的價值和優勢，尤其是掌握專業知識的人才。很幸運地，網路和媒體平臺給現代人一個分享知識、傳播經驗的舞臺。

分享的形式除了以文字呈現外，還可以是演講、培訓或問答等。毋庸置疑，寫作是其中最重要且有效的強大武器。實際上，許多媒體平臺都提供變現的機會給優質作者。而且，寫作是輸出知識的重要形式之一，不但流傳廣且傳播深，有誰能夠視若無睹呢？

什麼是自媒體寫作？4條件檢視自己是否在「自嗨」

許多人誤以為在網路寫作就是自媒體寫作，但是真正的自媒體寫作應具備四個條件，以下具體介紹：

1. 分享給「對的人」

首先要選對分享對象，如果把對的東西給錯的人，還是無法達到目標。至於什麼是對的人？簡單來說就是真正有需求的人。每位作者都是天使，使命是守護自己的崗位，在自媒體寫作的路上正確分享。

順帶一提，分享給正確的人之外，也要注意分享文章的時間，不同的讀者群體有不同閱讀的習慣，選對分享時間才能事半功倍。

2. 保持雙方互動

自媒體寫作就像經營品牌，必須維持與讀者的關係並保持互動，這是極為重要的一環。一般人對「顧客是上帝」這句話不陌生，但會對「讀者是上帝」的說法跳起來，並且質疑地問：「我手寫我心，關讀者什麼事呢？」

假如你寫作僅是為了自我表達，那麼我無話可說，但你若將文章發佈到媒體平臺上，甚至想得到他人的認可和讚許，就必須學會保持互動。這不僅是尊重讀者，更是自媒體寫作的重點，因為文章價值是由作者和讀者共同決定。

3. 寫作方向明確

各位應該都堆過積木，大概沒有人看過積木毫無秩序地隨意亂放，最後居然搭出一座城堡，因為這會分散城堡的力量。自媒體寫作也是如此，想引起討論效應，必須看準一個方向，然後持續朝目標邁進，每篇文章都像一塊磚，一塊塊堆疊、一步步累加，最終才能形成心目中的城堡。

4. 持續優化寫作

自媒體寫作靠內容存活，不管形式和技巧再好，如果內容品質不過關、無法引起讀者認可，就會變成單純在網路上寫作。每位自媒體寫作者的任務，都是持續寫出優質內容、滿足讀者的閱讀需求，並且從讀者的意見和建議中，發現自己的不足，進而優化寫作。不過，當你投入足夠的熱情、真心愛上寫作，任務就不再是制式的任務，而是習慣和需要。

為何網紅能讓腳本、文字變現？關鍵是……

這節討論「寫作＋」，各位看到這裡是不是有點不知所云？簡單來說，「寫作＋」就是透過網路實現寫作升級。我想和大家探討一下，面對「寫作＋」的風生水起，我們該做些什麼。

❖ 為什麼提出「寫作＋」？

現在有不少知識大咖在網路平臺分享專業知識、成功經驗和實踐技能等，除了能讓他人受益，也實現自身價值的最大化。分享知識的方式很多，例如：語音、影片、文章和圖片等等，但不論何者都需要文字的點綴或輔助，和寫作脫離不了關係。

以「簡書」平臺為例，不僅有文學層面的小說、散文和詩歌寫作，還有來自不同行業的專家發表各自領域的知識類文章，例如：手繪、職場、設計、電腦程式、美食、教育和動畫、漫畫等等。

其他還有「知乎」、「微博」、「微信公眾號」等平臺的各類文章，以及「得到」語音節目等。實際上，不論資訊或知識是以何種方式傳播，網路平臺的各類分享都是透過「寫作＋」的方式實現。

舉個比較極端的例子，假設某個餐飲店透過ＡＰＰ點餐，看似與寫作毫不相關，但餐飲店的相關介紹或菜單說明等仍脫離不了寫作。因此，「寫作＋」模式可說是各行各業的必備手段。

❖「寫作＋」會帶給我們什麼？

運用「寫作＋」能帶給我們什麼呢？我認為至少有以下三方面的好處。

1. 更低的品牌宣傳成本

如果你是商業人士，可透過「寫作＋」模式降低品牌的宣傳成本。與傳統的電視廣告、燈箱廣告、展板廣告及宣傳影片相比，在網路上書寫直擊人心的業配文，並選擇精準的媒體平臺發佈，除了製作成本相對低廉，也更便於分享，且能深度展示。

2. 幫助個人成為超級個體

知識型網紅彭小六是從寫作走上知識創業的典型例子，為什麼程式設計師兼專案總監的他，能跨界創業成功呢？當然有各種原因，而善於借助「寫作＋」模式，是其中一個重要因素。另外，著名職場培訓師古典也提出「超級個體」的說法，認為如今是個體崛起的時代，這應該是基於業內人士對趨勢的預見。

「寫作＋」不像直播可以一夜走紅，因為文字的威力不是一時能展現出來。古人說的三不朽有「立功、立言、立德」，其中立言就包含寫作。比起許多一時之間能聲名鵲起的媒介，寫作需要沉澱、積累，並付出更多時間和精力。不過，一旦形成個人品牌優勢，便能水到渠成地成為超級個體。

3. 知識變現更快捷、更高效

付費閱讀逐漸成為趨勢，這不僅肯定及尊重知識服務者的辛勤付出，也能使網路知識的生產、傳播和消費走上良性循環。此外，以「寫作＋」模式實現知識變現，具有便捷、高效的特點。

自古以來，獲取知識都要付費，無論是教育、出版，還是民間的師徒經驗傳授，無一例外。如今，不少線下知識搬到線上，知識的實質並沒有發生根本性的變化。網路有著靈活性、傳播高效等特點，必將促進「寫作＋」的知識變現。

練就自媒體寫作第二專長，為你的職涯加分

有人說這是個最好的時代，因為每個人都有機會做最好的自己，網路和智慧型手機的普及，讓每個個體都能實現價值最大化。然而，面對「寫作＋」帶來的巨大機遇，我們該做些什麼呢？首先，要重新看待文字創作的力量。

曹丕曾在《典論・論文》中提出：「蓋文章，經國之大業，不朽之盛事。」古人尚能看出寫作帶來的巨大能量，現在人人都能借助網路優勢，更應該重視寫作、發揮影響力。

我認為思想指揮行動，只有觀念對了，路才能走對。當然，你可以不會寫作，但要懂寫作的功效；你可以不是作者，但應該認識大咖作者，讓他們發揮優勢、為你所用。

其次，無論你是什麼職位，都應發揮「寫作＋」的威力。作家古典曾引用美國管理學家艾德・施恩（Edgar Schein）的「職涯錨定測試」（Career Anchor），說明未來職場變化。在許多傳統意識中，職位是衡量個人價值的標準，但由於網路帶來的深刻變化，未來影響個人價值的關鍵是能力、圈子和行業。那麼，如何打造個人圈子、行業影響力呢？

很顯然地，知識、專業能力、工作經驗再加上寫作，就是一條非常重要的路徑。由於越來越多人習慣在網路上生活、學習，所以只要你夠優秀，「寫作＋」模式可以讓你為成千上萬的網友服務、創造更大價值，最終也成就自己。最好的時代，努力做最好的自己，讓「寫作＋」造就明天更好的你！

重點整理

- 寫作是以作品為核心，連接作者、讀者和世界。
- 自媒體寫作必須選對真正有需求的讀者，如果把對的東西給了錯的人，還是無法達到目標。
- 如果想透過自媒體得到他人的認可和讚許，就必須學會保持互動。
- 想引起討論效應，必須看準寫作方向，然後持續朝目標邁進。
- 自媒體寫作者的任務是持續寫出優質內容、滿足讀者閱讀需求，並根據讀者的意見和建議優化寫作。

NOTE

認識自己不是件容易的事，尤其在自媒體寫作的道路上，找到寫作的方向和定位需要花費一番心思。本章將和大家談談，如何找到自我寫作優勢的方向和定位。

第3章

文章想爆紅？得釐清是「自嗨」還是「創作」！

3個角度告訴你，自嗨與創作的差異在哪裡？

「再小的個體，也應該有自己的品牌。」這句話淋漓盡致地表現出一般人的內心需求。馬斯洛的需求層次理論指出，人都有自我實現的需求，在自我價值面前，人沒有貴賤尊卑之分，每個人都有追求自我實現的權利。

就像花園中的各色花朵，雖然品種各異、習性不同，但經過春雨滋潤和暖陽普照，就可以「陽春布德澤，萬物生光輝」，各有各的美麗和嬌豔。人類何不散發自己與眾不同的光芒，在生命旅程中散播絢麗與芬芳？寫作給每個人用文字舞蹈的機會。

無論我們過去妙筆生花還是筆拙語遲，如今都可以大膽揮毫、書寫人生。不過，如果不明白自己的優勢、到處亂撞，就不知道應該從哪裡發力，只會白白耗費時間和精力。相反地，下筆前若能好好勘測方位、找對位置，接下來的每個動作都會帶來積極的效果。

找到優勢後再使力，便能累積力量，進而讓寫作增值，利用文字打造個人品牌、聚合成系列作品，或是成為某領域的知名作家。那麼，如何突破障礙，找到自己的優勢呢？

❖跳出自己的世界看自己

各位應該都聽過：「不識廬山真面目，只緣身在此山中。」就如這句話一樣，難以發現寫作優勢大多是因為太過處於自己的世界，再加上傳統教育告訴我們要謙虛低調，於是一談到自己的優點，就會謙虛地退讓。實際上，我們不是沒有優勢，而是沒勇氣發現。

跳出自己的世界正是為了重拾勇氣，有了這份勇氣，便能大膽尋找且積極審視自己的優勢。舉凡專業知識、工作經驗、興趣愛好、生活閱歷及讀書感悟，都可能成為你的寫作優勢內容。

走進讀者的世界看讀者

找到自我優勢後，提筆所寫的是心中想表達的東西，正所謂「我手寫我心」。然而，許多人常會陷入自己的世界，忽略讀者的存在，因為人們常自認瞭解對方，覺得其他人的想法和自己一致。

實際上，唯有轉變姿態才能真正走入讀者的世界，如果還沒放下作者的身份，你看到的讀者無非是站在對面的讀者。所以，請走到讀者的位置上去感受、體會、思考，才能知道讀者真正需要的是什麼。

站在自己和讀者之間找交叉

自媒體寫作最大的制約因素，不是文筆好壞、寫作方法的優劣，而是內容對讀者有什麼價值和意義，因此請找到自我優勢與讀者需求的交叉點，那裡正是「被看見」的絕佳地點。綜合以上三點，如何找到自我優勢可分成以下三步：

- 第一步：跳出自己的世界看自己，找到可自娛自樂的亮點。
- 第二步：走進讀者世界裡看讀者，發現讀者的真實需求。
- 第三步：站在自己和讀者之間找交叉，發掘讀者真實需求和自我優勢互相重疊、吻合之處。

在自媒體寫作的路上，願每個人都能找到自我優勢，發揮獨特才華，最終提升自我價值。

如何從「我能寫」，進化到讀者覺得「我要看」？

最自由的呼吸，是你不曾感覺呼吸的存在；最酣暢的寫作，是丟下一切有關寫作的技巧。然而，在自由、酣暢之前，或許還得背起枷鎖、戴上手銬，在圈定的舞臺上翩翩起舞。

人生有幾種可能性？或許你和我一樣，曾經幻想自己飛簷走壁拍武俠片、揮毫潑墨描畫大好江山、當個商人去買東賣西、穿上白袍去救死扶傷。然而，現實給了我們什麼？也許是一次次的破碎，也可能是一次次的驚豔。最終，我們發現文字給了我們不可能的可能。

在寫作裡，我們體驗種種驚世駭俗的危險，構建瑰麗奇譎的新鮮，擘畫出驚天動地的場面。你驚呼文字太過奇妙、寫作過於偉大，而那些情思如同衝出籠子的鳥，在天空裡四處亂竄，你無法完全掌控。

每個寫作者都在文字裡東奔西走，最終卻死在語言的蒼白之下，儘管古人說：「言有盡而意無窮」，卻未能解救芸芸眾生、莘莘作者。

❖定位，給你一個緊箍咒

孫悟空腦袋上的緊箍咒在取經結束後飄然而去，好像所有的痛苦都煙消雲散，不知悟空內心是否早已寬恕？

我曾在某個分享會上給出緊箍咒（可見下圖），圖片由兩大圈交集而成，一邊是作者，一邊是讀者。作者寫的讀者不一定會

自媒體寫作的緊箍咒

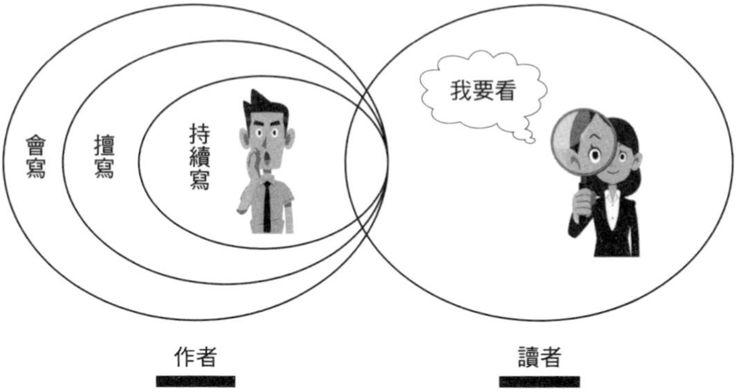

看，作者擅長寫的讀者也不一定要看。而且，作者必須持續創作，寫出讀者感興趣的內容，才能與讀者有所交集。圖中重疊處便是定位，也是緊箍咒讓人最頭痛的地方。

那些聲稱不需要寫作技巧和定位的大咖，其實早已取得真經、卸下緊箍咒，不在我們的討論之列。無論有意還是無意，他們的文字贏得讀者喜愛，在文海中取得自我定位。

寫作的世界相當殘酷，對於憑藉靈性或才華書寫的人來說，定位是件痛苦的事，因為才華暫時無法支撐夢想，靈性還不足以打開文學創作的大門。那麼，我們該如何清晰自我、明確定位？

有一種寫作方法叫「非虛構類寫作」，指的是從個人角度寫作自己較熟悉的領域，通常較重視記憶與主觀想法。這個方法適合剛開始寫作的人，因為每個人都有比較熟悉、有發言權的領域，或許是科系專業、工作經驗、職場知識或是興趣愛好等，透過寫作持續輸出這些內容，可以形成一定影響力。

❖什麼是方向和定位？

方向和定位，用企業的話來說是戰略和藍圖，對個人來說就是理想和目標，對自媒體寫作者來說則是品牌和優勢。

說得具體一點，**如果能找對寫作方向和定位，更容易獲得品牌效應，發揮影響力**。前文曾舉過積木堆城堡的例子，強調方向明確的重要性，而且在確立方向後，還要持續鎖定固定點用力堆，讓城堡堆得更高。

某些在媒體平臺上有知名度的作者，也是因為定位明確，持續朝某個方向堅持寫好文章，才能收穫點閱率與影響力。例如：彭小六主攻個人成長實用知識；樊榮強主打寫作類內容等。

有句話說：「不能只顧低頭拉車，還要學會抬頭看路。」想透過寫作打造個人品牌的人，必須找準方向和定位，讓自己的精力能聚焦在同個地方。

那麼，該如何快速找到方向和定位呢？以下將介紹三個技巧。

❖技巧一：畫出「我能寫」和「我要看」的交集

「我能寫」指的是自己能寫，「我要看」指的是讀者要看。你可以找一張白紙，把擅長的內容羅列在左邊的圓圈內，像是旅行見聞、美食品鑑、電影賞析或插花藝術等，然後在右邊的圈內列出讀者要看的內容。

怎麼列呢？可以到媒體平臺上尋找，把熱門專欄或題目依樣畫葫蘆地填在右邊的圈內，便能看出兩個圓的交集，這就是你能參考的寫作方向。

畫出「我能寫」和「我要看」的交集

技巧二：畫出五個圈找到優勢

如果不清楚自己的優勢，該怎麼辦？那就要畫另一張圖。這張圖由五個圓圈組成，分別是專業知識、生活經歷、興趣愛好、工作經歷、閱讀感想，總有一個適合你。

每個人的知識結構、閱歷、愛好、工作不盡相同，各自優勢當然不一樣。如果你覺得自己有兩個或以上的優勢，可以先嘗試寫不同方向的文章，觀察讀者對不同類別文章的喜愛程度，進一步判斷自己的優勢。

畫出五個圈，找到你的優勢

「我能寫什麼？優勢在哪裡？」

❖技巧三：借助專欄，精確定位

透過上面兩張圖，我們大致確立自己的寫作方向，下圖以簡書網站為例，介紹進一步定位的方法，供各位讀者參考。

首先，把平臺上的專欄名稱分門別類，從中挑選出自己最擅長或最喜歡的專欄。舉例來說，在「專業知識」這個項目，貼上工程師、平面設計、手繪。

各位看到這裡應該會發現，自媒體寫作其實是透過「優勢＋寫作」模式，發揮更大的價值傳播威力。願各位能找對方向、找準定位，早日實現價值更大化。

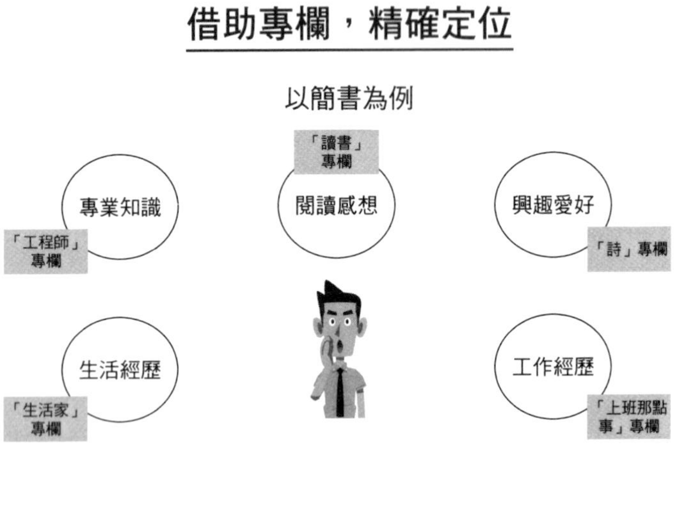

開頭容易堅持難，維持動力的方法是……

許多人花費很多時間學習，也實際寫作一段時間，點閱率和按讚數卻依然「冷冰冰」，讓人如何不傷悲？而且，沒有成就感會降低興趣、減弱動力，甚至是消磨熱情。不論是做人做事還是學習寫作，都不能沒有成就感。

成就感之於人生，如同靈魂之於軀體，雖然看不見摸不著，卻猶如呼吸時的氧氣。相同地，有了成就感才能獲得持續創作的動力。如何短時間內透過寫作獲得成就感呢？

❖寫知名書籍的書評

隨著網路與智慧型手機的普及，全民閱讀的時代已經到來，大部分的人能隨時隨地點開網路上的任何一篇文章閱讀。然而，不同讀者群體有不同的閱讀需求，如果能針對特定需求書寫相應書評，或是提供專業領域內的重要書籍介紹，更能體現出文章的價值。

如今社會普遍的問題在於時間緊湊、工作繁忙，許多人想讀書精進，卻缺乏完整的時間，可以坐下來好好讀一本書。

實際上，寫知名書籍的書評就是節省讀者的時間，讓他們可以在短時間內吸收書中的精華，不過前提是具備選書、評書的精準眼光。時間就是生命，時間就是金錢，為他人節省時間可說是功德無量。以下將書評的寫法大致分為三種：

1. 以介紹書本的內容為主。
2. 以評介書中的亮點為重。

3. 介紹某個特定類型的圖書（大多以書單的形式呈現）。

書評的具體寫法可以參考第五章〈一張圖告訴你讀後感和書評的區別〉。

❖寫重要知識實用文

各位應該都對終身學習這個詞不陌生，但是經歷斗轉星移、時代變遷，我們無法回到一盞孤燈、一夜讀書的美好時光。快節奏且碎片化的生存模式，使我們需要功利性讀書的輔助，以求快速解決問題。

毋庸置疑，閱讀實用類文章是快速獲得知識、有效提升認知的重要途徑。因此，寫作知識類的實用文章，自然會引起多數讀者的關注。和心靈雞湯文相比，實用文的含金量高，如同一日三餐的主食，需求量大。以下介紹寫好實用類文章要注意的三個關鍵。

1. 注意知識的正確性

既然是實用類文章，不得不考慮對症下藥，而藥到病除的第一步是診斷問題，開對藥方則是第二步。

實用類文章相當於藥方，當然不允許出錯，因此最重要且必須注意的是求證、校驗、審核，甚至追根溯源所涉及的知識，從另一方面來說，這正是「寫作能精進人生」的一大證明。

2. 結合實際應用

實用類文章與生俱來的基因在於解決某些問題，寫作此類文章時，結合實際應用不但能突顯價值，還得以引發讀者深入思考。舉例來說，假如文章主題是介紹散文開頭的寫作技巧，可以結合經典散文作品展開分析。

3. 多用圖表等直觀手段

如何讓讀者在閱讀實用類文章時，更輕易地吸收新知，而不會味同嚼蠟，感到厭倦呢？

人是視覺動物，對周圍世界的圖像、畫面很敏感，會投入更多注意力。因此，將知識、原理和規律以圖示等直觀的形象呈現，能大幅提升讀者的閱讀體驗，進而發揮實用類文章的價值。

另外，實用類文章如何做到乾濕合宜呢？有興趣的讀者可以參考我的文章〈美到剛剛好，如何調出一篇口味適中的文章〉。

❖寫重要大咖的推薦文

俗話說：「閱文無數，不如高人指路。」在過去傳統媒體時代，因為時空距離的阻隔，大咖、高手和大神總是顯得遙不可及，想見一次某領域的重量級人物都非常困難。

然而，如今許多媒體平臺提供各種高手的專業知識和經驗分享，媒介包括音訊、影片、直播、文章等。

其中，我認為文章的優勢在於分享便利、傳播快捷、保存容易，同時也利於讀者精密、深度地學習。如果從讀者的需求角度來考慮，該怎麼寫大咖的推薦文章比較好呢？

1. 簡介人物背景

介紹人物的學習經歷、從事行業、主要成就、著作出版等是基本要素，盡量讓讀者較全面地瞭解大咖人物，並從中發現某些深入學習的線索。

2. 展示成就亮點

很多大咖的成就涵蓋多個方面，但主要成就或成功經驗往往集中在同個方向。因此，書寫時應根據文章主題介紹主要成就、突出亮點，而不是一味追求面面俱到，這樣更利於讀者借鑑學習。

舉例來說，馬雲在電子商務、組織創業團隊、建立企業文化、演講方面，均有高度成就，但如果文章主題是大咖們的商業模式分享，就應該著墨於電子商務。

修煉沒有捷徑，成功卻有方法，請像尊重生命一樣尊重文字，並尊重時代的寫作規律，這麼一來，想不成功都有點困難。

將強項轉化為資源，靠寫作變現不只是嘴上說說！

說到自媒體寫作變現，初學寫作的朋友可能會質疑：「我剛學寫文章不久，沒取得多大的成就，怎麼可能靠寫作變現呢？」

然而，我們必須理解自媒體寫作的變現方式，明白它創造的價值，才能深刻且清晰地抓準自媒體寫作的定位和發展方向。

什麼是自媒體寫作變現？其實這並不是新鮮事，就是媒體平臺上的價值交換。人類首先要滿足食衣住行各方面基本需求，必須透過交換才能實現。假如我是手機工廠的工人，生產的產品雖然可以通訊，但不能當飯吃，所以要透過交換來滿足基本需求。

自媒體寫作也是相同的道理，假設我在某個媒體平臺上寫作，聚集百萬粉絲，我付出腦力和體力滿足粉絲的精神需求，廣告商看到我的號召力後，可能會前來提案合作，我便能用網頁上的廣告欄位換取所需的東西，這就是所謂的價值交換。

由此可知，想實現自媒體寫作變現，要先滿足別人需求才能滿足自己。理解這一點，就能明白精準定位的重要性，因為正確定位後，便知道要滿足他人什麼需求，才可能實現變現。接下來，我們談談自媒體寫作有幾種具體變現的方式。

1.文章的打賞費

如果你的寫作功底好，文章叫好又叫座，會有不少打賞費。像是簡書、微博、今日頭條和微信公眾號等平臺都有類似功能，開通打賞功能之後，作者都有機會收到打賞費。

當然，前提是文章要能提供價值，讓人覺得花時間閱讀很值得。打賞費因文、因人而異，每篇文章都有不同的讀者群，打賞費用也會不一樣，所以具有不確定性。

2. 廣告費

相較之下，廣告費比較穩定，某些平臺只要有五千或一萬人以上的粉絲，就可能會有相應的商家來談合作，因為他們需要在人流量大的地方打廣告，所以你相當於出租自己的鋪位收取費用。

3. 收取課程費

當文章或其他內容夠吸引人，在某個領域具有領先優勢、專業價值或知識含金量，會有很多粉絲對你產生興趣，想向你學習以充實和提升自己。此時，可以根據自身條件開設線上課程、收取學費，實現寫作變現。

4. 商品費

將文章當作一種商品販售。舉例來說，很多人每個月透過寫書評，拿到不少稿酬費用。

5. 自營廣告

在某些平臺上註冊帳號且達到一定級別，可以開通自營廣告來出售商品。

6. 平臺激勵費

很多平臺為了吸引優質作者入駐，採用不少獎勵方式。舉今日頭條為例，有個叫作「千人萬元」的活動，認證後可獲得固定月收入。

除此之外，更高級別的變現方式是整個IP，也就是所有產品被企業或機構收購，實現資本介入。舉例來說，作者「李叫獸」的文章定位在科學行銷，後來被百度收購，李叫獸甚至成為百度副總裁（現已離職）。由此可見，自媒體寫作變現的方式非常多，小到打賞費，大到各式各樣的營收費用。

接下來，我想談談如何根據自身優勢，選擇正確的變現方式。

❖分析自身的資源優勢

分析自身的資源優勢主要有兩個重點，分別是「我有什麼」、「我能為別人提供什麼」。

假設我有知識、能力、時間等資源，不代表能提供他人需求的事物，這些資源也不一定適用於變現。那麼，這些資源在什麼情況下才會成為優勢呢？

❖將自身的資源優勢轉化為他人的現實價值

假如你有時間又會讀書，可以寫書評來獲取稿費，為出版社、書店創造宣傳素材，同時提供沒時間選書的讀者借鑑。

或者你有知識又懂分享，例如：育兒經驗豐富、具備專業健身知識、精通財經和投資等，可以透過線上課程為他人提供價值。不過，光有知識卻不善於分享，就像將餃子裝在茶壺裡，沒辦法倒出來，更無法成為真正的優勢。

變現與定位遙相呼應、緊密相關，如果你選擇的定位是分享實用類文章，變現方式就集中在研發課程、收取學費，因為實用類文章具有較強的知識和專業性。如果你的定位是寫情感類文章，可能吸引大量粉絲，比較適合收取廣告費等變現方式。

重點整理

- 跳出自己的世界，是為了大膽尋找、積極審視自己的優勢。
- 放下作者姿態，走到讀者的位置上去感受，才知道讀者真實需求。
- 寫作最大的制約因素不是文筆，而是對讀者有什麼價值和意義。
- 找對寫作方向和定位，更容易獲得品牌效應，發揮影響力。
- 以圖示呈現知識、原理和規律，更能大幅發揮實用類文章的價值。
- 分析自身的資源優勢主要有兩個重點，分別是：我有什麼、我能為別人提供什麼。

NOTE

閱讀和寫作是密不可分的親兄弟，有人說閱讀是輸入，寫作是輸出。自媒體寫作像一場馬拉松賽跑，因此我們需要明白閱讀和寫作如何相輔相成，形成良性循環。

第4章

寫作撞牆怎麼辦？「以讀促寫」是一絕！

世上書籍多如繁星，以讀促寫第一步是找到「對的書」

小北：感覺沒東西可寫了！江郎才盡啊。

小西：書讀太少了吧？沒聽老師說讀書是輸入，寫作是輸出嗎？

小北：話雖這麼說，但是該怎麼讀書啊？遙想當年學生時代，書不愛我，我不愛書。

這樣的對話是不是很熟悉？然而，很多人聽了一卡車的道理，還是過不好一生，讀了一倉庫的書，還是沒有動筆寫一個字，為什麼呢？

寫作初學者究竟該怎麼看書？請讓我斗膽高談闊論，希望至少能提供一些啟發幫助各位。細想一番，閱讀其實包含以下問題：

- 看哪些書？
- 怎麼高效看書？
- 怎麼看書才能提高寫作水準？

有時候發現問題比解決問題更重要，如果只能解決小問題而未發現關鍵問題，就沒有太大意義。以下我結合自己的閱讀寫作經歷和輔導經驗，向各位介紹如何解決上述三個重要問題。

❖ 看哪些書？

首先，該看什麼書呢？很多人可能會回答：「什麼書都可以看，多多益善」，但我認為這個回答有正確也有不正確的地方。

從終身學習的角度來說，讀書當然多多益善，但是如今資訊爆炸，眾多知識日新月異、快速更迭，對於一個工作繁忙、生活節奏緊繃的學習者來說，貪多求全如何逆襲翻盤、殺出一條血路呢？

這種情況下，我認同作家古典的觀點：「極其功利地讀書。」這個方法是為了解決某些問題，有目的地讀書，畢竟讀書的目的就是學以致用。

相信許多初學寫作的讀者想知道，該如何透過閱讀認識寫作，或是開始寫作的第一步。針對這兩個問題，我推薦《趣談寫作》、《寫作吧！你值得被看見》這兩本書。

《趣談寫作》以聊天的方式介紹何謂寫作，作者謝普結合自身的寫作經歷娓娓道來，具體地論述寫作初學者可能遇到的困難和問題，相當平易近人，非常適合作為初學者的入門選讀。

《寫作吧！你值得被看見》是一本用實例講述方法和技能的好書。作者透過學生遇到的實際問題，引出對於寫作的觀點，並且在案例中引導讀者一步步解決問題。對初學者來說，閱讀起來較為輕鬆。

總體來說，要有選擇性地讀書，因為每個人的時間和精力有限，請當個活用書中知識的人，而不是被書牽著鼻子走。

這時，進階的寫作者可能會問，什麼時候才能開始選讀較專業的書籍？當你不再因為動手寫作而感到困惑，且覺得內心有個聲音在渴求更多知識，那就真的可以讀些較專業的書了。

如何高效閱讀？「感悟式讀書筆記」讓你事半功倍！

在快節奏的浪潮下，現代人的時間變得零碎又難求，如何快速取得知識？高效閱讀是個非常好的方法。但是，在介紹高效閱讀的方法之前，首先必須理解什麼是「高效」。一小時看一本書算不算高效？一週讀五本書算不算高效？閱讀完後馬上畫完心智圖，算不算高效？

其實，單純從時間的角度來看，求速度並不算高效，因為真正的高效應該是在單位時間內有高產出。我們投入時間和精力看書，能夠產出什麼呢？以下簡略地提出幾種結果：

- 用自己的話書寫感悟式讀書筆記

- 實際在寫作中運用書中內容
- 在演講中應用所讀內容

生活和工作中，很難測量自己運用多少書本知識，但就寫作來說，如果能達成前兩種結果，便算是高效閱讀。我們可以循序漸進地先做感悟式讀書筆記，再將產出的文字或靈感實際運用於寫作。以下分享我個人的感悟式讀書筆記做法，供各位參考。

1. 主題感悟式

簡單來說，主題感悟就是從文中取某個主題發表感想。假如我讀了海明威的《老人與海》，可以試著以「老人是否是個失敗者」為主題，寫下自己的感悟：

從謀生角度來說，老人的確是個失敗者，費盡心力居然只能拖著一副魚骨架回來，再加上長時間沒有捕到魚，怎麼維持生活？

從與命運抗爭的角度來說，老人又是個勝利者，因為他在與鯊魚搏鬥的拉据中，最終堅持到底，拖著魚骨架安全回家，具備永不放棄的精神。

從生態主義的角度來說，老人是個樸素的生態保護者，他以自然和諧為基礎利用大海，取之有道、取之有情，對藍色大海有份深深愛戀。

以上簡單選擇三個角度，寫下《老人與海》的主題感悟式讀書筆記，讓文章更豐富、有深度。

2. 方法感悟式

方法感悟是對文中的方法有所體悟。假如我讀了《季羡林談寫作》，可以針對其中的方法記下：「季羡林非常強調閱讀經典的重要性，例如他兒時讀完《古文觀止》後，常仿照其中的內容寫作文，這種方法可以概括為熟讀經典、模仿構思。」

3. 技巧感悟式

技巧感悟則是對文中提到或運用的技巧有所感悟。國中有一篇課文是楊朔的〈荔枝蜜〉，作者起初並不喜歡蜜蜂，後來喝了蜂蜜、參觀養蜂場才漸漸明白：蜜蜂生命短暫，卻知足且不吝奉獻。之後作者在情感上徹底改變，轉而敬佩和讚揚蜜蜂。這種欲揚先抑的技巧，適合用在有情感反差的文章中。

感悟式讀書筆記不是簡單摘抄書本內容，而是在筆記中加入個人思考。只要能開啟思考、有所收穫，都算是高效閱讀。

閱讀過程中，怎麼收穫寫作技巧、方法或是素養？

我認為提高寫作能力有三個大方向，第一是直接提高寫作技巧，第二是提升寫作方法，第三則是精進寫作素養。最後一個方向的速度最慢，但價值最大；第二個的速度適中，但價值比較大；第一個速度最快，但價值相對不大。

如果你希望立竿見影，可以選擇提高寫作技巧；如果你想提升能力，可以學習寫作方法，並加以整體運用。如果你想精進寫作素養，就慢慢地先從讀經典著作開始，逐漸充實文學功底，再好好學習專業理論，並一步步地練好基本功，最後選擇自己喜好的領域堅定寫作。

1. 提高寫作技巧

我讀了林雙不的〈槍〉之後，驚豔於出人意料的結尾。

怔怔地站在凌晨兩點左右冷冷清清的員林街頭，莫名其妙地把車錢再放入旅行袋，才看見旅行袋的右方開口突出一截槍管，那是我在臺北特地為孩子買回來的玩具槍，槍管太長了，無法全部塞進旅行袋。

於是，我在自己的第一篇微型小說《出殯》中現學現用，得到立竿見影的效果。

提高寫作能力的三種方式

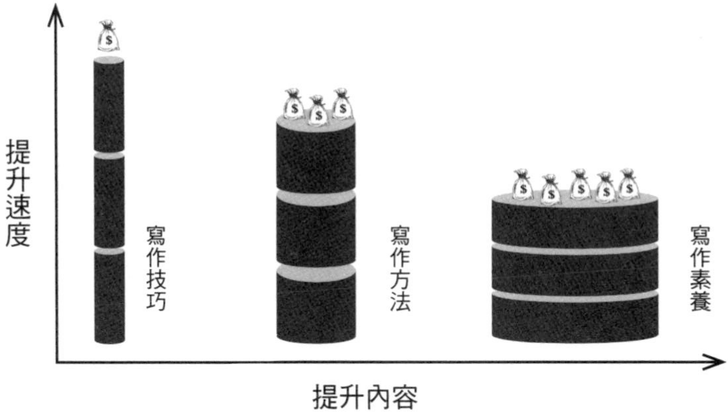

2. 提升寫作方法

我記得大學時期的寫作老師很喜歡敘事類文學作品，經常在課堂上讓大家品讀小說片段，繼而領悟方法，最後透過實際練習提高寫作能力。後來，我將這個方法運用到自己的教學中，也有不少同學受益。

舉例來說，將極短篇的創作方法運用到記敘文中，常會帶來出奇制勝的效果，學生也能快速嘗到甜頭。這種方法不僅能讓學生愛上寫作，同時能提高構思和表達能力。

3. 精進寫作素養

所謂經典一定要經得起時間考驗，閱讀經典可以讓我們在語言文字、情感力量、思想深度、寫作方法和表達技巧等多方面受益。

《史記》被稱為「史家之絕唱，無韻之離騷」，除了在史學上成就非凡，可謂前無古人後無來者，又具備極高的文學造詣，堪比無韻的離騷。我們反覆閱讀這些經典，不僅能提高語言表達能力、陶冶情操、加深歷史知識，還可以學到刻畫人物、設計情節等多方面的寫作方法，讓我們在領悟人生世事的過程中，有諸多啟發和省思。

閱讀經典是為人與為文的高級別修煉方式，但是過程中需要耐心、靜心，更需要恆心。若能透過閱讀經典，全方位提升自己的寫作能力，何樂而不為？

啟動「讀寫模式」，你也可以文思泉湧！

為了提高寫作能力，找專業老師指導固然重要，但是「師父領進門，修行靠自身」，不管寫作班長達多久，總有和老師分開的一天。那麼，少了老師的指點和督促，離開寫作同好的鼓勵和幫助之後，該如何自我修行、不斷精進呢？此節和大家分享「讀寫模式」，希望可以幫助各位提升自我。

❖「讀寫模式」是什麼？

一般來說，寫讀後感是按照先讀後寫的方式進行，通常會先讀文章，有了感受再寫作，優點是利於培養閱讀習慣。不過，如果讀完之後，沒有特別突出的感受，怎麼辦？

你是不是也有類似的經歷，捧著一本書虔誠地讀了半天，結果卻懵懵懂懂地沒什麼特別的感受。此時，不妨嘗試我多年實踐的讀寫模式，它可以採取先讀後寫或先寫後讀的方式，最大的特點是以小片段為單位，多角度地引發寫作思路。

❖「讀寫模式」操作步驟

1. 先讀後寫

如果你習慣先讀後寫，無論是否看完全書或全文，可以從中找出片段（注意，不是全文）仔細閱讀，並看看能否從以下三個角度展開聯想和思考：

● **有沒有一句話觸動我，觸動我什麼？**

生命中，總有一些令人唏噓的空白。有些人，讓你牽掛，卻不能相守；有些東西，讓你羨慕，卻不能擁有；有些錯過，讓你留戀，卻終身遺憾。

——〈二〇一五年山東省公務員考試真題〉

假如看完這段文章後，對「有些東西，讓你羨慕，卻不能擁有」有所感觸，該問問自己被觸動什麼。也許你會發現，自己也有相似的切身體驗，可以就此寫篇關於「羨慕與擁有」的文章。

- **有沒有哪個詞震撼你的心靈，或者特別有感覺？**

敞開心扉，寬容地對待別人，你就會擁有全世界。記住，千萬別為利來、別為利往，笑看人生你就是最幸福的人。

——〈一〇八只佛珠的含義〉

假如我對這段話中的「敞開心扉」特別有感覺，聯想到自己因不願打開心門而失去很多朋友和機會，文章就能以「通往世界的門」為題來寫作。

● **有沒有哪個標點符號恰到好處，值得推敲？**

人生，總會有許多無奈、希望、失望、憧憬、彷徨，苦過了，才知甜蜜；痛過了，才懂堅強；傻過了，才會成長。

——〈痛過才懂堅強，傻過才會成長〉

文中的分號代表多種並列的可能性。這樣一來，便可以拓展原文，延伸出像是「哭過了，才懂微笑；跌倒了，才知謹慎」等句子，並透過具體事例詳細陳述，完整地寫下一篇文章。

2. 先寫後讀

透過閱讀來解決寫作問題是個好辦法，若能針對有問題的部分閱讀，明確知道自己閱讀的目的，便能養成主動閱讀的好習慣，進而激發內在的思維。

舉例來說，假設我在寫作中遇到不會寫排比句的情況，可以先在媒體平臺中尋找相關文章解決問題。〈排比句怎麼用比較好〉這篇文章中寫道：

結尾處用上排比句，往往是從多方面總結上文，或者抒發作者的感情、表明觀點，能達到畫龍點睛的作用，同時也給讀者留下深刻印象。

這段文字讓我深受啟發，並實際嘗試用排比來做結尾，這就是遇到寫作問題再來閱讀的例子。先寫後讀還能幫助我們開闊視野，增強知識的內在聯繫，並有利於形成屬於自己的知識體系。透過真實遇到的問題帶動閱讀，是很好的內化式學習方法。

❖ 讀寫模式適合的人群

1. 有一定閱讀能力卻偶爾無感的朋友

讀完後卻無感的情況在所難免，也許是閱讀過程中浮光掠影或蜻蜓點水，也可能是因為閱讀疲勞。如果試著運用讀寫模式，便可以有效對抗這種疲勞，幫你從閱讀的模糊感中走出來，逐步清晰化和細緻化。

2. 找不到寫作素材、但需要每日更新文章的人

許多寫作者會遇到「巧婦難為無米之炊」的情形，如何在山重水複疑無路的時刻，迎來柳暗花明又一村的驚喜呢？讀寫模式可以幫你解決困難、找到寫作話題，因為讀和寫本來就是好朋友，誰先誰後不重要，重要的是互助合作才能成就彼此。讀可以滋養寫、寫可以促進讀，善用這個方法便能受益匪淺！

重點整理

- 「極其功利地讀書」是為了解決某些問題，有目的性地讀書。
- 感悟式讀書筆記不是摘抄書本內容，而是在筆記中加入個人思考。只要能開啟思考、有所收穫，就算高效閱讀。
- 如果希望寫作立竿見影，可以提高寫作技巧；如果想提升能力，可以學習寫作方法；如果想精進寫作素養，便從閱讀經典著作開始。
- 「讀寫模式」可採取先讀後寫或先寫後讀，並以小片段為單位，引發寫作的多方思路。

NOTE

前文主要分享自媒體寫作的原理、方法和技巧。但是，光說不練沒有用，我們應該將這些寫作理念付諸實踐。希望透過閱讀具體文章，進一步強化各位對寫作的感性認知。

第5章

實例示範！ 6 篇精選好文幫你強化寫作技巧

【例文1】為什麼你每天忙著「精進」，卻還是個低品質勤奮者

這是個終身學習的時代，大家都忙著精進，不過我們依然會發現身邊有不少低品質勤奮的現象。許多人每天看起來都很忙碌，忙著擬定學習計畫、學習線上課程，以及進行各種商談，可是一週下來卻收穫不大。於是我們發現，不能以低品質的勤奮來代替深度工作的創造性。

❖中了「淺薄」的招，還以為自己是膚淺

這幾天直播家暴的男人差點被人痛打，多少人看直播，一怒之下也上演家暴，由此可看出現代人的內心有多浮躁！也許這個年代浮躁是活著的標準配備。但是比

浮躁更可怕的是淺薄，因為浮躁顯露在外，一眼就看到，而淺薄呢？可不是那麼容易發現。

外衣下的淺薄，不是每個人隨意就能發覺。我曾經忙忙碌碌，連上廁所的時間也用來發郵件，把手機當作電腦。一年下來，確實成交不少單子，可是我的文案水準始終如此，沒有太大的長進，做了兩年還是個普通辦公室上班族，後來看到《深度工作力》這本書，突然明白：有種忙碌是淺薄的忙碌、簡單的忙碌、隨時可被取代的忙碌。

事實上，文案工作要配合公司的品牌戰略，好文案的誕生必須深入考慮定位、內容和表現形式，這些不是隨隨便便就能做好的。我缺的正是一種深入骨髓的「深度」！

年屆四十歲，還要不要實現自己的小夢想？學生時代可以憑藉小聰明，考試前臨陣磨槍，過關便萬事大吉。工作時則上班時間完成任務、下班時間約人吃飯，逮住零碎時間跟其他人聊天、玩社群網站、線上購物。

如果總是浮光掠影地學習、蜻蜓點水式地工作，實在無法正大光明地說：「人總是要有夢想，誰知道哪一天會實現？」因為時間不可逆轉，那些大量被淺薄學習和淺薄工作佔據的時間，再也回不來了！

那麼該如何治癒一邊倒的淺薄工作症？為此，我提供大家一劑良藥：深度工作力。

❖《深度工作力》是誰寫的？

作者卡爾・紐波特（Cal Newport）是麻省理工學院電腦科學博士，同時也是暢銷書作家，著有《深度學習力》（*How to Win at College*）、《如何當全A學生》（*How to Become a Straight-A Student*）、《如何成為高中的超級明星》（*How to Be a High School Superstar*）和《好到沒有人能輕忽你》（*So Good They Can't Ignore You*）等。

深度工作使紐波特得到豐厚回報，除了大學畢業後的十年裡出版四本書，獲得博士學位，還受聘於喬治城大學（Georgetown University）成為終身教授。令人驚訝的是，他很少工作到下午五、六點鐘。他究竟是怎麼做到的？他是特例嗎？

❖ 哪些高手在「深度工作」？

二十世紀極具影響力的思想家、心理學家榮格，便是透過深度工作超越佛洛伊德而後來居上。

為了維持清醒狀態並專心致志地深度工作，他在柏林根（Bollingen）建了一棟兩層樓的石頭房，並規定若沒經過允許，任何人不得進入。一九二一年，榮格發表重要著作《榮格論心理類型》（*Psychologische Typen*），此後創作出一系列有見識的文章和著作，後來甚至被稱為分析心理學的創始人。

接下來舉馬克・吐溫的例子，其知名著作《湯姆歷險記》大部分都在紐約庫阿里農場（Quarry Farm）的一間小屋裡完成。為了進入深度工作模式，他將書房選在較遠的地方，家人要吹號，他才知道用餐時間到了。深度工作需要夠安靜的環境，才能啟動靈感，文思泉湧地創作或寫作。

新東方集團創始人俞敏洪曾說：「我準備發文通知全社會，明年是我的閉嘴年。」這席話源於他做的統計，二〇一三年他投入公司的時間只有五分之一，其餘五分之四都用在對外應酬、社會活動、團隊活動以及演講。

這個發現具有戰略意義，仔細算一下，我們花多少時間在各種名目的應酬上，而且是以「忙碌」和「公關」的名義？這導致我們無法靜下心來深入思考重要的事，所以工作水準每年都進步緩慢。諸葛亮說：「非寧靜無以致遠」，這句話今天仍不過時。

360公司的創始人周鴻禕也公開宣佈要閉關思考一段時間，他說：「我決定這段時間不再參加任何會議和論壇活動，希望朋友們諒解。我喜歡與朋友們分享，然而網路發展日新月異，我這個七〇後也應該重新學習、與時俱進。心態需要定期歸零，身體和心靈也要定期消毒、清理垃圾，因此我必須集中精力學習、閉關思考一段時間。」

我們不是否定必要的社交，而是偶爾從紛紛擾擾的狀態下解脫，集中精力、最大限度地提升自我認知。在這個人們時刻在線上的時代，坐下來深入思考是多麼可貴的事。

以上列舉的大師們，都在有意無意中實踐深度工作模式，並發現有些重要的問題必須在深度工作中才能有效解決。

❖深度工作是什麼？

深入理解深度工作之前，要先瞭解什麼是淺薄工作。淺薄工作是不太需要認知要求的事務性任務，且往往伴隨許多干擾。此類工作通常不會為世界創造太多新價值，而且容易複製。

舉例來說，列印檔案就屬於淺薄工作，因為並不需要具備高超的認知能力，你可以一邊列印檔案，一邊回覆訊息，而且誰都能輕易完成這個工作，被取代的可能性相當大。

我們的問題是，面對需要深度工作的任務，卻用淺薄工作的模式來完成，結果當然會大打折扣。

深度工作是指在無干擾的狀態下專注地進行職業活動，使個人的認知能力達到極限。這種努力能夠創造新價值、提升技能，而且難以複製。

1. 條件：無干擾的狀態，專注於職業活動

在網路工具時代，人與人之間的聯絡變得極其方便，一通電話、一個訊息便能馬上將相隔千里的人連在一起。另外，正因時間被切割成一個個碎片，使我們無法運用整塊深度工作的時間。許多重大工作諸如研究新的商業策略，或是撰寫重要的申請報告等，都會因此受到極大影響。

《大腦喜歡這樣學》（*A Mind for Numbers*）提到，若想在外界環境不完美的情況下進入高效學習，核心是高度集中精力，這跟深度工作的要義也有部分相似。

2. 要素：認知能力達到極限

每個人的極限都不一樣，如何讓認知能力達到極限？舉例來說，在人聲鼎沸的大街上聽英語、背單字，半小時記住了五個。當回到書房、靜下心來，同樣的時間能記住十個單字，甚至更多。

如果把人的大腦比喻為軍隊，在淺薄工作的狀態下，相當於調用一個班的戰士對付敵人；在深度工作模式下，相當於調用一個師❸的戰士來作戰。可想見殺敵的效果有多麼不同。

3. 結果：創造新價值，提升技能

深度工作有助於提出新的命題、突破原有高度、開闢新的領域。比如說，牛頓提出萬有引力定律，而這個定律體現在商業上，進而創造新的模式、研發新的產品，並且找到新的技術等。

❸班與師皆為軍事編制單位，一班大約為八至十五人，一師則大概介於一萬人至兩萬人之間。

4. 特點：難以複製

正因為投入極高的認知精力，產出的內容具有獨特甚至創新性，使得深度工作具有不能複製的特點。其實成功並非不能複製，而是成功人士的深度工作無法複製。

❖ 怎麼做到深度工作？

思想決定行動，深度工作的首要是找到屬於你的理念，以此為基礎執行深度工作的規則，並養成習慣。如果想做到深度工作，不可忽略以下十一個關鍵：

1. 找到屬於你的方式

以下列出四種深度工作的理念，各位可以看看自己屬於哪一種。

- **超級個體：禁欲主義哲學。盡可能避免一切淺薄工作。**

科幻作家尼爾・斯蒂芬森（Neal Stephenson）的網站上，並沒有提供電子信箱和郵寄地址。為了避免一切淺薄工作，他幾乎切斷一切與外界的聯繫。他說，小說的高產量有賴於不被打擾的深度工作模式。

禁欲主義哲學適合清楚知道自己對世界價值的人，我把他們稱為「超級個體」。相反地，有些人必須透過與外界不斷聯絡，才能取得成就，就不太適合遵循這個理念。

- **連線個體：雙峰哲學。一半深度，一半淺薄。**

前文提到的榮格在深度工作之餘並不禁欲，他積極參與蘇黎世咖啡屋文化活動，與當今數位時代的知識工作者很相似。連線個體的人會將個人時間分成兩部分：一部分用於深度工作，另一部分做其他事情。

雙峰哲學適合不依賴淺薄工作便無法取得成功的人。舉例來說，一些內容創業者需要花一半的時間上班、滿足生存的需要，同時也需要一半的時間輸出內容。

- **安於習慣者：節奏哲學。工作中適時啟動深度模式。**

節奏哲學較適合現實中無法做到連續深度工作的人。舉例來說，查普爾是個朝九晚五的工作者，他選擇擠出清晨的時間寫作論文，每天完成四至五頁，每兩到三週完成一個章節的寫作節奏。

- **社會活躍分子：新聞記者哲學。隨時轉入深度模式。**

華特・艾薩克森（Walter Isaacson）任職於《時代雜誌》，他很有條理，一有時間就會立刻轉入深度工作模式，苦心打磨《美國世紀締造者》（*The Wise Men*）。

新聞記者哲學不適合新手，但如果你對自己的工作或事業有足夠的信心，實現深度工作的技能也很嫻熟，便很適合你。只要願意擠，總是會有時間的。

2. 養成深度工作的習慣

作者紐波特總結幾位成功的科學家，發現若要使深度工作的效果最大化，就要養成嚴格內化的習慣，這能使轉換到深度工作狀態的阻力最小。那麼該從哪幾個方面養成習慣呢？

3. 深入工作

養成習慣的前提是要深入工作，以下是三個幫助進入深入工作模式的條件：

● 條件一：明確的工作地點和工作時間

請找一個不會被打擾的工作場所，同時設定一個工作時段，而不是無休無止的工作。一旦有了固定的工作地點和時間，當我們進入該場所，便會像條件反射一樣，啟動深度工作的模式。

● 條件二：有結構性的規則和程式

為了有效率地進入深度工作模式，可以訂定一些規則，包括規定自己不使用網路、設定二十分鐘產出的字數或者閱讀數量。這樣一來，會發現自己被既定的規則約束，而不是自由散漫。

● **條件三：提供有力的支援**

這個條件因人而異，主要看個人的身體狀況或自我摸索出的習慣，可以是一杯上好的咖啡、維持能量的食物，或者散步等輕度活動。總而言之，這個支援可以讓你有足夠精力投入深度工作中。

4. 擁抱無聊

各位千萬別誤解，這裡說的擁抱無聊並非讓你愛上無聊。紐波特告訴我們，要小心生活中的一些無聊時刻，例如：排隊的五分鐘、等人的二十分鐘。

如果你用瀏覽手機來打發這些無聊時段，便會陷入書中所說的「心智殘疾」，使大腦逐漸難以勝任深度工作的任務。因此，學會不在無聊裡分心很重要。

5. 遠離社交媒體

大家都明白聊天工具、社交媒體是如何讓時間碎片化。同時我們也知道，難以集中注意力的原因與這些媒體息息相關。作者在書中提供的建議是，選擇社交媒體工具時，實際益處一定要大於實際害處。舉例來說，我用電子信箱收發工作文件，它帶來的益處遠大於危害，在工作中也必不可少。

6. 摒棄淺薄

摒棄淺薄的前提是學會如何分辨淺薄工作。顯而易見地，打電話或接收信件等工作就是淺薄工作。作者並不否認這些工作的價值，但如果一項複雜的任務中包含深度工作與淺薄工作，就不太好判斷了。

舉例來說，如果某項工作是以簡報的形式，製作市場調查研究報告，詳細工作內容包括進行市場調查研究、資料分析和簡報製作等，所需的深度工作時間可能會相對較長。這時，可以把深度工作的時間放在資料分析，而市場調查和製作簡報就採用不同的處理方式。

一旦找對適合自己的方式、摒棄淺薄工作的習慣，就代表能啟動深度工作模式，但如何才能最大限度地激發認知能力，促使自己產出無可複製的價值呢？作者介紹了4DX框架。

7. 深度工作助力器：4DX框架下的四種原則

什麼是4DX呢？其實就是《執行力的修練》（*The 4 Disciplines of Execution*）中如何執行的四種原則，分別是：鎖定重要目標、從領先指標下手、設置醒目計分表、落實當責，也就是接下來要介紹的八至十一個關鍵。紐波特將它們運用到深度工作中，產生極強大的作用。各位如果有興趣，可自行參考閱讀。

8. 鎖定極重要目標

極重要目標指的是能激發無盡渴望的事，它具備兩個因素：一是過去沒達成過的小目標，像是一週完成兩個項目方案、寫兩篇八千字的文章等；二是具有確切的回報，例如：兩個項目方案有一萬元分紅，八千字的文章可以促成簽約等。

9. 從領先指標下手

有了目標之後，4DX框架之下的衡量成功指標就有兩種：一種是滯後性，另一種是領先性。

舉例來說，對於麵包店而言，麵包出爐後的客戶滿意度就是滯後性指標，因為這個指標落在製作麵包之後。另一方面，免費試吃的客戶數量則是領先性指標，可以左右之後要製作多少麵包。

對於深度工作來說，時間是個領先性指標，你可以根據投入的時間，得知自己的工作狀態。

10. 設置醒目的記分板

如何強化深度工作的動機，並追蹤指標的達成情況？計分板發揮相當重要的作用。製作記分板的方式很簡單，只要準備一張剪成條狀的紙，紙上記錄工作的週期或時間，你可以在有重要突破或進展的地方畫圈，記錄下深度工作的時間。

這樣一來，記分板便能清晰地告訴你當前指標完成情況，以及取得的成效。如果是團隊合作，記分板也能促進良性競爭。

11. 落實當責

為了針對深度工作進行自我檢視、不斷優化，定期問責十分必要，因為這相當於每週回顧。有了前文提到的領先性指標和記分板，這一步並不是很困難。只要對照這些視覺化數字，就能輕而易舉地總結哪一步做得比較優秀，哪一步存在問題。

❖ 用一張圖總結深度工作

將深度工作的十一個關鍵總結成一張圖，可以發現第一層是深度工作的表現層，第二層相當於驅動力的行動技術層，第三層是決定工作方式的理念層，第四層是內核層，也是深度工作的核心價值泉源。

深度工作模型

（根據《深度工作力》製作）

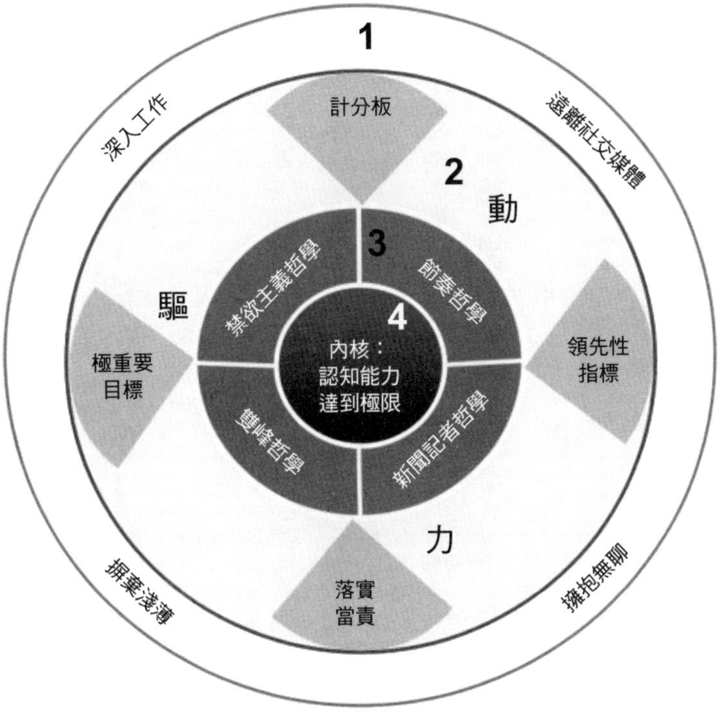

【例文2】這3個價值思考，成就你的工作

某個中午，我的同事又在辦公室高談闊論：「這工作真的做不下去了！一連打了十幾通電話，客戶都不接。老闆偏偏還要我們堅持打電話。他腦子是不是進水了？」

我一看說話的人是誰，果然是小盧。小盧剛來公司時，大家對他的印象都還不錯，他虛心好學、勤於跑腿，樂於幫大家做事。然而，小盧最近總是愁眉苦臉，常在各種場合忍不住發牢騷。下班後，我什麼也沒說，走到小盧身邊，遞給他一本書：「你先看完，我們再來討論。」

第二天，小盧似乎豁然開朗，原先那位整天樂呵呵、和同事打成一片的小盧又回來了，老闆也在會議上表揚小盧。

那本書究竟有什麼神奇之處？我認為《好好工作》這本書告訴我們，什麼工作才有價值，又該如何發現或創造自己的獨特價值，從而成就自己。

你的職場價值在哪裡？

1. 成為行業裡略有名望、受人尊重的人

如果想成為行業裡有名望且受人尊重的人，代表要確實明白行業和自我的關係。行業就像坐標系，坐標系中每個人都有相對應的價值點。舉例來說，在武俠小說的寫作領域，一般公認金庸、梁羽生、古龍的地位崇高，而在電子商務領域，馬雲的地位目前無可替代。

那麼，怎樣才能成為行業裡有名望、受尊重的人呢？除了專業能力之外，《好好工作》這本書提出應改變職場心態，而不是一味怨天尤人或是推卸責任。不能服務好客戶是自己的問題，服務好客戶卻沒得到應有報酬，依然是自己的問題。

2. 你的價值常常體現在客戶身上

《好好工作》談到的觀點看起來似乎有些偏激，但隨著市場經濟不斷推進，客戶至上的觀念深入人心，「價值來自於客戶的回饋」的想法也水到渠成。

書中指出應回到客戶最初的需求去看問題，可以請客戶談談他們的感受和想法。如此一來，看待問題的角度也會不一樣，文章開頭提到的小盧，不再因為客戶電話打不通而著急上火，而是考慮到客戶可能遇到的情況。

職業規劃的關鍵是發現自我價值

1. 發現「我的價值」

《好好工作》的作者懶人老貓認為，做好職業規劃的關鍵是發現自我價值。如果連自我價值都不清楚，很難規劃自己的職涯。也許自我價值、理想和個人願景這些說法聽起來有點虛，但如果沒考慮清楚這些問題，即使努力達成後，可能也會和自己的初衷相去甚遠，導致方向錯誤。

2. 取捨發展方向

職業規劃的第二個重點是學會取捨，作者認為大多數人高估自己的承受能力，在多個互相牽制的條件下，既不想放棄當前工作的輕鬆，又怕承擔責任帶來的風險，導致抱怨的產生。其實，取捨的重要依據就是知道自己最想展現給世界什麼。

❖以目標為導向實現工作價值

1. 大目標分解為小目標

正如十個手指都不一樣長，每個人領導的風格也不盡相同，有的可能指示明確、有的簡單草率。無論哪種，都要學會把任務分解為具體可操作的小目標。

例如：將年度任務分為月度計畫、將月度目標分解為週目標。如果無法分解，則說明我們對工作心裡沒有底，此時就要趕緊請教同事或者前輩了。

2. 有效展示你的工作成果

許多人常因為衝動誤事，他們忽略了事先溝通的重要性。每個人對相同事物的認知和結果評價都不同，如果缺乏有效的事先溝通，可能會辛苦很久卻得不到認可。

工作不只是做給自己看，還要做給運用我們工作成果的人看。作者指出，職場上如果不能以他人可接受的方式表現工作結果，無論「我以為」有多麼正確，都沒有意義。

【例文3】一張圖告訴你讀後感和書評的區別

小張：能寫書評真好！可以逼自己主動讀書還能寫成文章，很有成就感！

小王：我最近也想寫書評，看到網路上別人洋洋灑灑的書評，真是羨慕！

小張：寫書評應該不難吧，不就是我們之前的讀後感嗎？

小王：真的嗎？我覺得沒那麼簡單。如果書評等於讀後感，為什麼還有兩種說法呢，而且它們的確很不同。

小張：那你說說該怎麼區分？

小王：其實我也說不清楚。

正在學習寫書評的你，是否也遇到相同的困惑？在終身學習的年代遇上網路日益普及，我們經常處於「永遠線上、時常受擾、淺度思考」的狀態。面對書評和讀後感，淺思維會讓我們覺得兩者差不多。

當我們看到一些習以為常或司空見慣的東西，經常不給自己思考的機會，直接視若無睹。話說回來，讀後感和書評究竟有何異同？簡單來說，讀後感是讀而後有感，書評則是讀後評論。

❖讀後感與書評的相同之處

1. 都以閱讀為寫作前提

時下流行主題閱讀、快速閱讀和拆書閱讀等，我個人認為這些新時代背景中的讀書法，是在讀懂原文的基礎上利用資訊。

閱讀到底是什麼？西方接受美學[4]代表，沃爾夫岡・伊塞爾（Wolfgang Iser）等人，把閱讀視為作品與讀者間的互動關係，可分為三個層次，第一層次是語言閱讀，第二層次是美的欣賞，第三層次是文藝評論。以下舉〈江南春・波渺渺〉為例：

波渺渺，柳依依。孤村芳草遠，斜日杏花飛。江南春盡離腸斷，蘋滿汀洲人未歸。

看完以上文字之後，知道文章大概的意思是離人未歸、思念欲絕，便達到理解語言的第一層次。要是能在腦海裡想像出春日翠柳依依、杏花飛揚，有人望眼欲穿的情景，進而體會到詩詞的美，就達到欣賞美感的第二層次。最後，如果能點評詞的意象、境界及創作得失，就上升到文藝評論的第三層次。

這就像是剝栗子，最外層是帶刺的殼，只要方法得當便容易除去；第二層是硬殼，看上去光滑，卻不易剝開；第三層是薄膜，看似最弱，要剝乾淨卻最難。

❹接受美學是一九六〇年代文學批評界的理論，主要探討如何詮釋文學作品，以及剖析讀者、作品與作者間的三方關係。

無論閱讀單篇文章還是整本著作，讀者都必須與作品對話，對話內容是理解作品的思想、情感、知識、觀念和價值，從中發現文章的真善美，並引發種種感受、體驗、想法、觀點和評論。將與作者的對話變成文章之後，就成了讀後感和書評。

2.以作品為感悟物件

作品尚未進入讀者的閱讀進程前，並不算真正意義上的作品。如果從這點出發，在各個媒體平臺上撰寫讀後感和書評時，應考慮讀者的閱讀權重，如果讀者多、影響力大，某種程度上便算是寫作成功。

讀後感和書評無法憑空捏造，與充滿想像和天馬行空的虛構類寫作有天壤之別。兩者都需要以作品為分析和感悟的基礎，其原因在於，寫作如果離開語言文字，寫出的讀後感就成了無本之木；如果缺乏欣賞情感和藝術的美，也沒有品評作品知識、思想、價值點及結構，寫出的書評就成了無源之水。

3. 都以感想為寫作重點

如果讀後感沒有加入自己的感想，就等於沒有主腦。假設某篇讀後感只是複述或改寫原文，而缺乏作者的感想或與社會現實有關的看法，會讓人覺得讀了一篇假的讀後感。

相同地，廣義來說，書評的「評」是畫龍點睛的部分。即便是以介紹圖書為主的介紹式書評，作者必須自行挑選出精采的內容，展示出獨到看法。

❖ 讀後感與書評的相異之處

1. 讀後感閱讀對象廣泛、寫法自由，重在找感悟

只要是文字作品，大至洋洋灑灑的長篇小說，小至寓言故事、詩歌，都可以寫讀後感。讀後感的「感」可深可淺，或感性或理性，全憑作者閱讀過程情之所及、理之所涉。

在寫作技巧上，讀後感重在找到感悟，一篇文章有許多令人感動的地方，但

作者通常只能論述一個中心，難以面面俱到。因此必須篩選比較，找出感受最深、角度最新、現實針對性最強、寫來得心應手的地方作為寫作中心，然後加以鋪展成文。

舉例來說，讀海明威的《老人與海》時，也許會有多種感悟，像是老人的拚搏精神打動人心、老人在海上遭遇接二連三的打擊觸動了你，或是老人拖著魚骨架回岸讓你若有所思，不同的感悟均可組織行文。

2. 書評通常只限圖書評介、寫法較固定，重在發評論

書評可分為介紹式書評、評論式書評和綜合式書評。其中的綜合式書評可稱為「書單」，也就是將多本書串起來評論。

無論何種書評，顧名思義都是以圖書為中心展開介紹、評論和研究，向讀者傳達文化出版和學術研究的資訊。

書評的「評」，關鍵在於放出更多專業眼光，像是針對書中涉及的知識內容、思想觀點發表看法，或是對行文的藝術特色加以點評，抓住書中某部分「指指點點、說三道四」。

書評的歷史悠久，西漢劉向曾在校正整理圖書過程中，針對每一本書寫出一篇敘錄，並把敘錄匯總成《別錄》作為書籍的提要，這便是書評的萌芽。書評彷佛是一面鏡子，反射出作者的思想見地、思維水準和鑑賞能力。

❖如何寫好書評？

1. 根據興趣愛好與專業特長選書

寫書評切忌不可盲目跟風，因為大咖評的某本書，你不一定也能得心應手，評得頭頭是道，畢竟書評能顯現一個人的評論功力。因此從根本上來說，寫書評要先提高自己的各方面修養，尤

讀後感與書評的相異之處

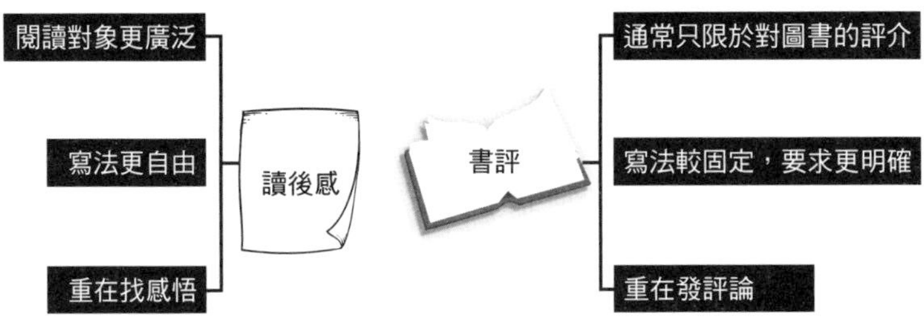

其是理論思維的水準。

2. 結合通讀與細讀，找出書中的價值和特色

選對圖書後，便開始閱讀選定的圖書，第一遍瀏覽全書，第二遍認真細讀，抓住重點章節認真細讀十分重要。

如何識別重要章節，關係到作者的專業知識和鑑別能力，而書評的關鍵便是找出書的特色和價值，如同從一堆珍珠美玉中，挑選最大最靚麗的那顆。

舉例來說，我在寫〈故事思維❺，是怎樣讓你的寫作打動人心的〉這個書評之前，必須通讀這本書。我發現其中有些內容讓我深有感觸，像是「故事能創造力量」、「故事思維跟辯證思維、理性思維平起平坐」等，這些在我看來就是該書的最大亮點，抓住這些重點便可演繹成文。

❺ 原書名為*The Story Factor*，由安奈特．西蒙斯（Annette Simmons）所著，台灣書名為《說故事的力量：激勵、影響與說服的最佳工具》。

【例文4】寫作課交流，五問五答

沒有互動，就沒有自媒體寫作，寫作課也是如此。

❖可以不考慮寫作的方向和定位嗎？

我的答案是可以。從古至今，很多作者只是為了滿足自我表達或情感釋放，而寫下優秀文章，後來眾多讀者從文章裡感受到某種共通情感和思想，進而體現出文章價值。

《詩經》中的〈衛風．氓〉寫的是古代社會一位癡心女子從戀愛到婚變，最終被拋棄而內心決絕的感情經歷，其情感具有代表性，描寫具備藝術性，因而引發共嗚，為歷代讀者共賞。

氓之蚩蚩，抱布貿絲。匪來貿絲，來即我謀。送子涉淇，至於頓丘。匪我愆期，子無良媒。將子無怒，秋以為期。

乘彼垝垣，以望復關。不見復關，泣涕漣漣。既見復關，載笑載言。爾卜爾筮，體無咎言。以爾車來，以我賄遷。

桑之未落，其葉沃若。于嗟鳩兮！無食桑葚。于嗟女兮！無與士耽。士之耽兮，猶可說也。女之耽兮，不可說也。

桑之落矣，其黃而隕。自我徂爾，三歲食貧。淇水湯湯，漸車帷裳。女也不爽，士貳其行。士也罔極，二三其德。

三歲為婦，靡室勞矣；夙興夜寐，靡有朝矣。言既遂矣，至于暴矣。兄弟不知，咥其笑矣。靜言思之，躬自悼矣。

及爾偕老，老使我怨。淇則有岸，隰則有泮。總角之宴，言笑晏晏。信誓旦旦，不思其反。反是不思，亦已焉哉！

然而，單純自我表達卻引起熱烈討論的文章不多，更多的是自我欣賞卻無法使人共鳴的文章。舉我自己的例子來說，我曾在媒體平臺上發表很多學究氣息重的文章，結果閱讀者寥寥。這類文章被稱為「自嗨型」文章，完全不考慮讀者是誰，也不考慮他人能否讀得下去、需不需要等問題。

在面向大眾的媒體平臺上，如果我們寫作不僅為了興趣或自我欣賞，就必須有其他想法，像是獲得按讚數、累積粉絲，甚至打造個人品牌，這時便要考慮寫作的方向和定位。

有方向和無方向的寫作如同專賣店和雜貨店的區別。專賣店給顧客的感覺是方向明確、品牌專一；雜貨店似乎樣樣都有，但樣樣都不精。不過，專賣店和雜貨店都有對應的市場需求，專賣店滿足品牌需求，雜貨店滿足一般需求。假如我們想利用寫作打造個人品牌，最好走專賣店的路線。

定位如同登山的目標，聖母峰高達八千八百四十八公尺、黃山則為一千八百六十四公尺，其他還有很多座僅有幾百公尺的山。無論你定在哪個高度，都得選好登山路徑，堅持一步步走下去，才有可能登至目標的高度。

如果今天向上爬，明天向下走，可就難登頂了。方向明確、定位準確的寫作是種功利性寫作，假如不愛，那就繞道。

❖如何學習，才能有效提高寫作能力

站在學習者的角度，完整的學習過程應該包括以下環節：

- 聽課（學習、輸入）
- 寫作（練習、輸出）
- 修改（交流、回饋）
- 投稿（互動、回饋）
- 檢討（總結、提升）

暫且不說不同人在每個環節會有不同學習效果，以上環節只要有一個不完整，就會造成很大的學習差異。

聽課是學習的第一個環節，這個環節的優劣直接導致不同的學習效果。孟子在《二子學弈》一文中，講述兩位學生同時向全國知名下棋高手「弈秋」學棋，一位學生專心致志，另一位則走神分心，結果棋藝高下有別。

弈秋，通國之善弈者也。使弈秋誨二人弈，其一人專心致志，惟弈秋之為聽。一人雖聽之，一心以為有鴻鵠將至，思援弓繳而射之。雖與之俱學，弗若之矣。為是其智弗若與？曰：「非然也。」

專心聽課之後，動手練習更重要，這就和學游泳的道理一樣，單聽教練說明各種游泳姿勢、專業動作、換氣方法，可是卻從未下水，這樣能學會嗎？另外，修改和投稿則是交流互動、獲得回饋的環節。為什麼專業的游泳教練，會仔細觀察運動員在水下的游泳動作和狀態？就是為了針對錯誤的地方，提出完善動作的意見。至於檢討則是回顧、總結整個學習過程，也能提升學習效果。

❖如果寫不出來怎麼辦？

許多人為了追求每日更新，期許自己每天都能寫出好文。但如果我們能認真想想每日更新想達到什麼目的，就不必糾結於日更。

舉運動的例子來說，如果慢跑的目的是健身，而登山、跳繩和游泳也能達到健身效果，那麼慢跑就不是必做的事。相同地，如果花三、五天寫一篇高品質文章，足以達到你追求的效果（例如提高點閱率），那為什麼要每天都擠出一篇點閱率一般的文章呢？我認為這也許只是為了自我安慰。

然而，一定有讀者想知道，若從技術層面來看，有沒有辦法每天都能寫一篇文章，滿足「自我安慰」？我的辦法是用「有結構的一句話」，記錄每天的重要想法、感受和收穫，非常方便。

❖沒有時間聽課怎麼辦

有些人報名寫作班的時候熱情高漲、興趣濃厚，可是一旦進入日常學習，發現自己有各種困難和理由，經常缺課、缺課、再缺課，並將一切歸結於沒有時間。但是，這世上哪件事情不需要時間？世上的一切都在時間和空間兩大現實維度裡，無法超越也無法擺脫。

簡報達人、知識訓練營創始人「秋葉大叔」，每天只睡三、四個小時，請問他有天上掉下來的時間嗎？創業需要投入時間，學習更需要投入時間。人與人之間的差別不是智商，而是花了多少喝咖啡、社交活動、看電影、泡酒吧、吹牛及管閒事的時間。當休閒娛樂時間增加，學習時間自然會變少。極端一點甚至還可以說，睡覺時間多了，思考時間就少了。

有得必有失，十全十美的事哪有那麼容易就遇上？既延年益壽又能實現創業夢想、既能安貧樂道又可學習精進，這樣的好事到哪裡去找？

在時間碎片化的現代社會，關鍵是如何利用零碎時間有效學習？像我習慣在排隊等候或坐車外出時，塞上耳機聽「得到」專欄。

我從二〇一六年八月開始訂閱「得到」，其中的免費知識新聞是我的早起鬧鐘，也是洗臉刷牙的陪伴。之後用餐時，可以和同事聊聊知識新聞，最重要的是，透過聊天分享剛學習的內容，印象會更深刻。

現在，許多手機應用程式都具備語音重播功能，用我的話說就是：「想聽就聽，解放眼睛。」一堂一小時左右的課，四個十五分鐘便能搞定。

學習是為了習得新知、掃清知識盲區、提高重要能力。在終身學習的年代，如果連碎片化時間也擠不出來，或是有各種理由不利用時間，那麼恭喜你已經提前進入養老階段。

❖ 覺得自己寫得不夠好，不敢投稿怎麼辦？

很多寫作初學者往往會有畏首畏尾的表現，不是擔心自己寫得不夠好，就是擔心學得不夠扎實，結果遲遲不敢出手。看著同伴們寫出一篇篇品質越來越好的文章，更是自慚形穢，久而久之只好作罷。

王陽明說：「破山中賊易，破心中賊難。」我們每個人心中或多或少都有「賊」。如果是心理問題建議各位找心理專家諮詢，我這裡僅提出自己的看法，供各位參考。

1. 不盲目與人比

人與人很多時候無法比較，從寫作的基礎來看，每個人的起點能力、知識結構、表達能力、審美能力、想像能力、生活經歷及工作經驗都不一樣。硬是拿小排量的代步車跟「油老虎」相比，只能自己默默流淚、暗自傷神。即便要比，也要先比較投入的時間、精力，再來看看產出的成果有何差異。

2. 不貪多求快

學習由不得半點虛假，貪多求快可能導致囫圇吞棗，最終花了很多錢、報了很多班，結果卻一個也沒學完、一個也沒學好。羅振宇的《羅輯思維：我懂你的知識焦慮》戳中多數民眾的要害。

終身學習就是每個人都得捲起袖子努力學，而不是別人學什麼便跟著學什麼，別人腳步多快我也多快。事實上，每個人都在自己的人生賽道上，按照應有的節奏跑才能輕鬆自如，否則累到氣喘吁吁也不見得能成為領跑者。

3. 認清自己的優勢和不足

每個人都有不同的優點和缺點，透過寫作可以更加認識自己。相信大多人動筆寫文章時，會遇到以下問題：

- 我能寫什麼？
- 我寫出來的文章是表達自我，還是同時利於他人？
- 我寫什麼文章最拿手？
- 我在寫作過程中遇到哪些難點和困惑？
- 我有深入思考所寫的內容嗎？寫得夠清晰嗎？

寫作時一併思考這些問題，不但可以更認識自己，也能提高自我。另外，我想給剛在「簡書」上投稿的朋友一個溫馨提示：每篇文章有五次投稿機會。帶有「簡書」兩個字的專題是官方專題，審稿時間相對固定，而個人建立的專題則或快或慢、沒有保障。此外，不要輕易投稿「首頁」，否則若被拒稿就浪費一次機會。

願各位在寫作的路上找到自己，努力做最好的自己，認真做好自己的樣子最美！

【例文5】不止於小說——《暢銷作家寫作全技巧》解讀

在寫這篇文章之前，我閱讀一些網路上關於《暢銷作家寫作全技巧❻》的書評，並認為寫這篇文章有兩種方法，一是把書中內容全部羅列出來，二是擷取我認為有價值的部分。相信有很多人期望書評越詳細越好，因為呈現全貌可將價值展露無遺。

但是我並不開心，因為這不是我期望寫作的樣子，如果沒有用我的眼光去甄別、挑剔，或是用我的思維去碰撞、鑽探，寫出來的東西彷彿只是物流快遞。當然，搬運知識也有其價值，但這不是我所追求的。

所以，我選擇了第二種寫法，也就是先瀏覽全書，選取我覺得最有價值的部分，再用自己的方式呈現。這種方式會花費我較多時間和精力，寫作過程也會比較辛苦，但我雖然痛苦卻很快樂，因為這是我的追求。人與人相識講究緣份，人與書相知亦講緣份。

緣份到，開卷處親切可愛，字字如己出，句句落入心底。緣份未到，強摁牛頭，沾水不飲，字字句句如隔一層厚厚的玻璃，見其形而神髓始終不得。佛渡有緣人，只不過緣分深淺不可強求。與書的相遇隨緣，與文章的相遇也隨緣。

❖本書概況

如果你相信書店排行榜或評分，那麼本書看起來很不錯，因為推理小說一直以來深受讀者喜愛，除了情節設置精巧奇妙，人物也刻畫得細膩傳神，想必作者大澤在昌身為推理大師，經驗談一定頗具價值、值得細讀。我在翻開書的剎那，果真被其中實實在在、真真切切的各種實用技巧所吸引。

❻由推理小說家大澤在昌所著，台灣繁體書名為《百萬小說家的職人必修課》。

❖ 我眼中的實用書

有人說讀一本好書就像一次精神歷險，我覺得讀一本好書如去西天取經，必須歷經「九九八十一難」，與書中各種觀點、思想相遇，才能抵達「真經」的彼岸。

因為有見地、思想、才情、鋒芒的好書，內容異彩紛呈、結構精巧別致、篇幅繁簡適宜，往往無法一眼看到底、一口悶下肚，而是要遠觀近看、細細觀摩、慢慢咀嚼，甚至反反覆覆幾次來回才能明其理、知其味。有些經典名作因為時代久遠，窮其一生未必能獲取精華。

話說回來，這本書是我近幾個月讀過最「硬」的寫作類實用書！以下從小說技法、寫作通用方法等方面談談我的收穫，希望對各位有所幫助。

1. 小說專用技法

許多小說家奮力追求再現獨特的人生經歷，除此之外，如果單討論一般的小說寫法，技法也多得不可勝數，例如：設置吸引人的開頭、讓情節波瀾起伏、使結尾餘音繞梁、令人物栩栩如生、描繪真實可感的場面等。

不過，人物、故事和環境這三大要素是最基本、最重要的內容，小說家莫不在此三方面用盡全力、費盡心思。在大澤的論述中，他將人物稱呼為「角色」。一般來說，戲劇、影視表演更常用角色一詞，想必大澤可能用表演的眼光來看待小說的人物。

此外，大澤認為有趣的小說是角色和情節的有機結合，因為人物和情節能在小說（尤其是推理小說）中，發揮舉足輕重的作用。有了活蹦亂跳的人物、曲折變化的故事（情節），小說能不好看嗎？

2. 如何使角色活起來？

談論如何寫角色的部分是我感觸最深的地方，大澤強調要讓小說人物「活」起來，而且活得個性鮮明、多姿多彩、與眾不同。那麼，如何寫出個性鮮明、活靈活現的人物呢？

3.透過「觀察＋想像」連結現實生活與小說創作

上述問題的回答是：「觀察別人。」大澤認為許多名作家都特別強調觀察的重要性，但是初學者卻不知道該如何有效地觀察。

觀察不只是用眼睛看，同時還要有想像，因為眼前所見只是皮相，必須依賴想像才能觀察到背後的東西。舉例來說，在公司或公車上觀察周圍的人時，可以在內心想像：

- 是否總穿一樣的衣服？
- 已經成家還是單身？
- 喜歡在家看書還是聽音樂？
- 回家後是否不洗澡就鑽進被窩？
- 下班後是回家安分守己，還是天黑了去夜總會狂歡？

當然，這樣的想像不等同於事實，只是訓練我們連結現實生活與小說寫作，我們無法跟蹤，也沒必要深入每個觀察對象的真實生活裡。畢竟，小說作為文學的一種，源自於生活又得高於生活，必要的想像太重要了！

4. 用變化和規則，使人物（角色）在故事中真實活著

請各位試想，一個在現實世界中活生生存在的人，有可能從早到晚、從懂事到離開人世，始終沒有一點變化嗎？相同地，小說中塑造的人物形象不論是生活習慣、性格、世界觀、人生觀及興趣愛好，都可能產生變化。

舉例來說，一個經歷車禍、從死亡線上逃回來的人，很可能改變原先「苦行僧」的生活觀，轉變為「及時行樂」的態度。

古典小說《水滸傳》中林沖的性格原先逆來順受，像極了老好人，後因高衙內的步步緊逼終於徹底爆發，走上造反的不歸路。這個大逆轉使得小說極具變化、充滿吸引力，同時也有力地支撐整個主題。

介紹完變化後，接著說明規則。規則可以理解為理由，舉凡人物出場、人物變化，或是人物各個細節都應有理由，甚至可以說，小說人物比實際的世界更真實。

現實生活中，某位正在減肥的人可以因為嘴饞而偷吃甜食，但在小說的世界裡，吃甜食要有理由，否則讀者會覺得莫名其妙：「明明在減肥為什麼吃甜食呢？」這就是小說裡的規則。當然，偶爾突破規則也能為人物帶來鮮活感。

此外，小說的規則使人物更真實地活著。魯迅在《孔乙己》中寫道，主角孔乙己想教酒店夥計，茴香豆的「茴」字有幾種寫法，而這個情節並非橫空出世，而是在上文就有交代：

孔乙己是站著喝酒而穿長衫的唯一的人。他身材很高大；青白臉色他是皺紋間時常夾些傷痕；一部亂蓬蓬的花白的鬍子。穿的雖然是長衫，可是又髒又破，似乎十多年沒有補，也沒有洗。他對人說話，總是滿口之乎者也，教人半懂不懂的。

「穿長衫、滿口之乎者也」，是對孔乙己身份的簡單介紹，使讀者明白他是一個窮困潦倒的晚清讀書人。因此，借用茴香豆的「茴」字，來顯示自己文化人的不凡之處，也是情理中的事，可見得小說中的「規則」多麼重要！

小說自古活在民間，活在廣大的讀者群中，如何讓小說的人物在小說裡活著，考驗作者的功夫。

5. 情節是動的，如何使情節動起來

情節就是小說的故事，大澤認為必須富於變化才能吸引人，而且還要注意「過程需變化，最終解謎」。

此外，設置謎題未必放在小說的開篇，能讓讀者產生巨大好奇心才是重點。

6. 設置伏筆

伏筆關係著故事後期的「大反轉」。在阿爾豐斯・都德（Alphonse Daudet）《最後

小說故事情節設置示意圖

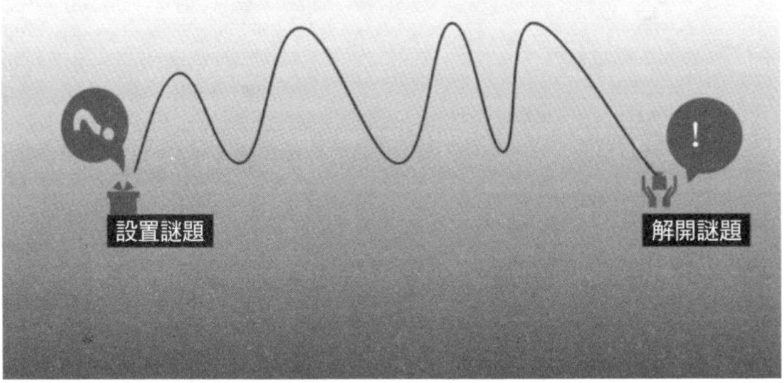

一課》（*La Dernière Classe*）開頭，小弗郎士上學時，看到許多人在佈告牌前，而且最近許多壞消息都從那裡傳出來，像是徵調、打仗等時事。然而，小弗郎士沒有去看今天是什麼消息，所以讀者也不知道。

直到小弗郎士上課時，韓麥爾先生宣佈這是最後一堂法語課，阿爾薩斯和洛林已被普魯士的士兵侵佔，韓麥爾、小弗郎士等人就要淪為亡國奴。小弗郎士恍然大悟，為什麼佈告牌前會有那麼多人，今天佈告牌上的消息也就不言而喻了。

設置伏筆使情節波瀾起伏、跌宕多姿。前文若有伏筆，後文必有照應，照應的作用能使情節連貫、脈絡清晰以及結構緊湊。

7. 點線設計

大澤認為小說的故事情節是由點和線巧妙構成。如果按照「起承轉合」四個部分分析，至少要有四個重點，而點與點之間要以直線連接，還是用隆起的曲線呈現？這些區別造就小說的不同趣味。

舉愛情小說為例，假如四個點分別是相遇、熱戀、失戀和復合，那麼從相遇到失戀，是讓主角一帆風順還是歷經坎坷？這涉及小說的主題。但有一點可以肯定，直線和曲線會造成大相逕庭的效果。

8. 寫作通用方法

寫作大師們在自己專有領域創造的技藝，往往能超越原有領域，變得具有普遍通用性，可供大多數人借鑑參考。這本書有不少關於小說的創作方法，對於其他類型的寫作，同樣具有重要的啟示意味。

9. 八分感性，兩分理性

這裡想向各位強調，「充滿情緒的文字」和「刺激情緒的文字」有何不同。這就

小說故事情節點線設計示意圖

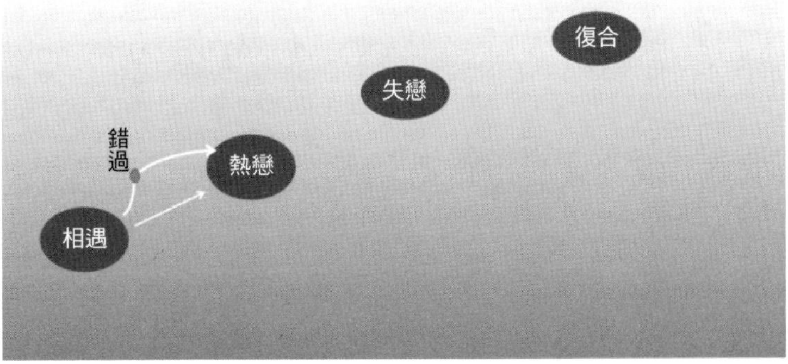

好比節目主持人主持情感類紀實節目，一上場自己先淚流滿面，便無法客觀公正地主持節目。主持人當然可以動情，但不能濫情。

「八分感性，兩分理性」說的就是這個道理。無論是寫作詩歌、散文，還是其他情感類文章，作者都很難在情感奔瀉不止的情況下進行。因此，每位作者都應拿捏好情感狀態，有時稍加冷卻、暫時擱置自己激動洶湧的情緒和情感，就能展現應有的理性。

10. 寫前有心，寫時無意

為了使文字、角色和情節成為完整的有機體，還要做到「寫前有心，寫時無意」。司空圖的《二十四詩品》有言：「不著一字，盡得風流」，說的是含蓄委婉地表達詩歌的情感、營造意境。

文學創作的借鑑意義在於，應盡力在運用技巧時做到不露痕跡。書寫任何文章之前，必須潛心構思、用力挖掘，費盡心機考慮文章的標題、開頭、中段以及結尾。但是一旦動筆寫作，就應努力做到順其自然、不露痕跡，放下技巧才能得心應手、遊刃有餘。

11. 我無法採擷的

我必須承認，與這本書的相遇也許情深緣淺，以上的收穫可能只是勉為其難的胡謅，甚至只是滄海一粟，並不能窮盡該有的英華。如果我的自作主張耽誤各位的英明選擇，豈不是罪過？請各位實際拿來閱讀，運用獨到眼光解讀這本書。

【例文6】做到這3點，你也能把小說人物寫活

「好喜歡！」同事雨婷不禁尖叫，一邊還用力扯了旁邊的夢嬌。「花癡啊！哈哈哈……」，大夥都笑起來。

這樣的生活場景並不少見，我常常佩服作者、編劇或導演，能塑造出魅力四射的男主角。小說也是相同道理，關係到作品是否叫座的，除了故事情節是否跌宕起伏，還有人物個性是否鮮明、魅力十足。

討論如何把小說人物寫活的文章多如牛毛，留給我說話的餘地似乎不多。然而文無定法，不同作者和流派造就千變萬化的寫法。以下我結合具體作品，介紹三個重要方法，希望能對各位有所幫助。

❖人物性格跟隨情節發展適時變化

成功的小說要有變化迭出的故事情節，讓讀者拍手稱快，當故事情節產生變化，人物要不要隨之變化？又該怎麼變化呢？

大家熟悉的《三國演義》中，諸葛亮的形象可謂家喻戶曉，其中草船借箭、七擒孟獲和大擺空城計等，將他足智多謀、神機妙算、盡忠職守的特點體現得淋漓盡致，讀起來大快人心。

那麼諸葛亮的形象塑造有沒有缺陷呢？他的性格和特點在整部小說中，該不該有所變化？諸葛亮「神機妙算」和「智慧化身」的特點近乎神，從頭到尾都太足智多謀，顯得不太真實，給讀者留下點虛假的感覺。

有些讀者可能認為，當時的歷史條件和社會背景下，不具備刻畫變化型人物性格的因素。然而，本節既然探討如何將小說人物寫得更鮮活，可以試著加入一些假設和挑戰。

假如小說剛開始設定諸葛亮沒有實際從政和作戰經驗，就如同《出師表》中所述的「臣本布衣，躬耕於南陽」，能讓他的形象更真實。因此，更符合劇情（情節）的寫法是，先讓他別那麼有智慧，而是隨著操刀戰事增多，變得越來越足智多謀。這比一成不變的神機妙算更真實，也更有感染力。

相較之下，《水滸傳》的人物活潑多了，「逼上梁山」的「逼」字已經告訴讀者，人物性格隨情節推進而變化，這就有好戲看了！林沖一向忍氣吞聲、逆來順受，連自己的妻子被當街調戲也強忍不動。

然而，高衙內指使差撥，非要置林沖於死地，火燒草料場的計畫一出，林沖終於忍無可忍、怒殺爪牙，被迫逼上梁山，林沖的性格也由此蛻變。情節發展變化，人物性格也隨之變化，讀者感受到的人物既鮮活又有生命。

❖ 人物細節描寫追求藝術真實

小說的細節描寫已經被說過太多次了，還有什麼可說？這裡我想談談描寫細節時的藝術真實。實際上，塑造人物形象不一定要描寫細節，白描和勾勒同樣能達到傳神的效果。描寫細節的一大目的在於強化真實感和現場感。

流蘇到處瞧了一遍，到一處開一處的燈。客室裡門窗上的綠漆還沒乾，她用食指摸著試了一試，然後把那黏黏的指尖貼在牆上，一貼一個綠跡子。為什麼不？這又不犯法？這是她的家！她笑了，索性在那蒲公英黃的粉牆上打了一個鮮明的綠手印。

——張愛玲《傾城之戀》

文中刻畫白流蘇入住范柳原的住處，並將沾了綠漆的指尖「貼在牆上」，這個細節可謂生動傳神、細緻入微。白流蘇自從丈夫過世而屈居娘家，一直都有寄人籬下、遭人白眼的壓抑鬱悶感。

如今她有了獨立的住處，內心的滿足與欣喜可想而知，也讓讀者彷彿一下子來到主人公的住處、身臨其境。但如果從現實生活來看似乎不大可能，很少人會用手指去觸碰沒有乾的油漆。

這就涉及到藝術真實。所謂的藝術真實不等於現實生活中的真實，它是以表達情感、塑造人物形象、描繪典型環境為目的，合情合理就可以。

描寫人物細節不是照搬、照抄生活中的細枝末節，而是遵循藝術真實的合情合理，允許適當加工和改變。

❖人物每一次出場有充分理由

小說人物出場大致有：

- 開篇亮相
- 首次登場
- 偶然出現

開篇亮相是在小說的開端處出現，往往兼有引出下文故事情節的作用。首次登場是人物第一次在小說中出現，不一定是開端處。至於偶然出現則是與劇情（情節）存在某種偶然關聯。廣義來說，可以將出場理解為人物的每一次表現，諸如動作、語言、表情和心理等。

以下舉個日常生活中的例子，我身為一名深愛特警題材的影視觀眾，深深明白觀眾吐槽《特警力量》的原因，就拿「淚水」這個層面來說，這部電視劇簡直要把螢幕都哭濕了！

趙小黑因為連續兩次沒有扣動扳機，用狙擊手槍射殺犯罪分子，丟失在小虎突擊隊第一狙擊手的位置。在交出狙擊手槍的時候，哭得不要不要的，簡直像個七、八歲的孩子，是不是有點哭得太過頭了？這就是理由不夠充分所產生的問題，其結果是讓觀眾覺得矯情、不合邏輯，甚至麻木無法入戲。

舉個成功例子，莫泊桑在《我的叔叔于勒》（*Mon oncle Jules*），巧妙地敘寫一家人在甲板上偶遇叔叔，本以為叔叔于勒在海外發財，事實上于勒只是在船上賣牡蠣的老水手。

「唉！如果于勒在這只船上，那會教人多麼驚喜呀！」
父親的弟弟于勒叔叔那時是全家唯一的希望，但這以前則是全家的恐怖。

從上文可知于勒叔叔以前帶給全家的恐懼，那時則是唯一希望，這意味著于勒外出闖蕩有兩種可能，一是真的飛黃騰達，遇到飛來財運，二是依舊窮困潦倒，兩手空空。

仔細閱讀小說後，從家庭背景來看，叔叔于勒並沒有受過什麼特別的教育，也沒有特殊的本領，因此依舊窮困的可能性更大。這樣一來，以一個老水手的身份出場就顯得合情合理。

寫小說很消耗腦力，人物刻畫並非開口說話那麼簡單，不僅要讓人物性格、特點隨情節有所變化，把細節刻畫得符合藝術真實，還要力求每次出場都能合情合理。讓小說情節曲折豐富、人物鮮活，小說一定很叫座！

重點整理

- 深度工作第一層是表現層、第二層是行動技術層、第三層是決定工作方式的理念層、第四層是內核層。
- 找出工作價值、安排職業規劃，並以此為目標，便能成就工作。
- 用「有結構的一句話」記錄每天的重要想法、感受和收穫，有助於達成每日更新的目標。
- 寫作前費心考慮標題、開頭、中段及結尾。一旦動筆則順其自然，放下技巧才能得心應手。
- 人物刻畫不僅要讓人物性格、特點隨著情節變化，還要將細節刻畫得符合藝術真實，力求每次出場都能合情合理。

國家圖書館出版品預行編目（CIP）資料

如何讓我在自媒體爆紅的 64 堂零基礎寫作課：靠百萬點讚，點亮你的斜槓人生！ / 余老詩著
－－初版. －－新北市；大樂文化，2019.07
224面；14.8×21公分. –（SMART：86）

ISBN 978-957-8710-32-0（平裝）
1. 媒體 2. 寫作法
541.83 108010984

SMART 086

如何讓我在自媒體爆紅的 64 堂零基礎寫作課

靠百萬點讚，點亮你的斜槓人生！

作　　者／余老詩
封面設計／蕭壽佳
內頁排版／思　思
責任編輯／劉又綺
主　　編／皮海屏
發行專員／劉怡安、王薇捷
會計經理／陳碧蘭
發行經理／高世權、呂和儒
總編輯、總經理／蔡連壽
出 版 者／大樂文化有限公司
地址：新北市板橋區文化路一段 268 號 18 樓之 1
電話：（02）2258-3656
傳真：（02）2258-3660
詢問購書相關資訊請洽：2258-3656
郵政劃撥帳號／50211045 戶名／大樂文化有限公司

香港發行／豐達出版發行有限公司
地址：香港柴灣永泰道 70 號柴灣工業城 2 期 1805 室
電話：852-2172 6513 傳真：852-2172 4355

法律顧問／第一國際法律事務所余淑杏律師
印　　刷／韋懋實業有限公司

出版日期／2019 年 7 月 29 日
定　　價／260 元（缺頁或損毀的書，請寄回更換）
I S B N 978-957-8710-32-0

大樂文化

大樂文化